Pouvoirs et énergie DES CRISTAUX

Mise en garde

Malgré tout le soin apporté à la rédaction de cet ouvrage, une erreur aura pu s'y glisser. L'Éditeur décline toute responsabilité concernant l'utilisation des pierres et des méthodes présentées. Les recommandations de ce livre n'ont pas vocation à se substituer au diagnostic d'un médecin ni à une prescription médicale en cas de maladie, de trouble ou de blessure. Consultez toujours votre médecin en cas de problème de santé. L'Éditeur ne saurait être tenu pour responsable des conséquences qui découleraient de l'utilisation du présent ouvrage ni, bien sûr, en cas d'interprétation erronée.

Publié pour la première fois sous le titre :
The Crystal Healing Bible

21 rue du Montparnasse 75006 Paris

Sue Lilly

Pouvoirs et énergie DES CRISTAUX

Jade, quartz rose, jaspe rouge…
S'ouvrir à l'énergie des pierres

Traduction : Armelle Lebrun

NOUVELLES ÉNERGIES

Sommaire

Avant-propos

Les pierres, notamment les cristaux, sont utilisées à des fins thérapeutiques et spirituelles depuis des temps immémoriaux. Dans l'Antiquité, les chamans et les guérisseurs s'en servaient pour soigner les malades et interpréter l'avenir. Aujourd'hui, les thérapeutes alternatif·ves perpétuent cette tradition séculaire.

Les pierres sont des outils empreints de pouvoirs magiques qui permettent d'atteindre l'harmonie et de générer du changement. Elles peuvent nous aider à trouver notre voie au sein du labyrinthe de la vie en développant notre conscience, en calmant nos inquiétudes et en nous insufflant des énergies curatives. Éléments tout aussi importants, en leur qualité d'« outils naturels », les minéraux nous reconnectent à la Terre et à l'Univers au-delà de notre ère technologique (voir p. 21).

Écrit par une consultante et professeure expérimentée, ce livre est une mine d'informations sur les nombreux aspects de ce sujet fascinant. Grâce à l'explication des systèmes de divination les plus importants – liés aux cristaux et à l'exposé détaillé des pouvoirs thérapeutiques communément attribués aux trente-trois pierres les plus puissantes –, cet ouvrage sera sans aucun doute très précieux pour ceux·celles, novices ou non, qui souhaitent harmoniser leur vie. Quant aux personnes qui connaissent déjà bien le pouvoir des minéraux, elles y verront aussi un moyen de les apprécier davantage.

✦

Berenice Watt,
présidente de la Société britannique d'astrologie et de parapsychologie entre 1994 et 1999

INTRODUCTION

Le règne minéral, dont les cristaux font partie, se situe à la base de la matière physique et de la vie elle-même. Les pierres constituent la forme la plus stable et la plus ordonnée de la matière dans tout l'Univers. Leur beauté, leurs couleurs et leurs formes ont toujours retenu l'attention, mais leur intérêt dépasse leur seule apparence.

D'où viennent les cristaux ?

Du sable des plages aux plaques finement polies décorant les façades des bâtiments officiels, les pierres et les cristaux sont partout. On ramasse depuis des siècles des pierres précieuses sur les berges des fleuves, on les extrait des flancs des collines et des montagnes, ou encore de mines creusées dans les cheminées d'anciens volcans. Les cristaux sont l'aboutissement d'un long processus. Il faut souvent des millions d'années avant qu'ils émergent à la lumière du jour.

Des roches aux minéraux

On distingue trois grands types de roches : les roches magmatiques et métamorphiques, qui se forment en profondeur, et les roches sédimentaires, qui naissent à la surface de la Terre. Les roches magmatiques (telles que le basalte, le granite) sont issues de la solidification et de la cristallisation d'un magma. Celui-ci se forme en profondeur lorsque les roches fondent partiellement sous l'effet d'une augmentation de la température ou d'une diminution de la pression. Poussées vers la surface du globe lors de la formation de chaînes de montagnes ou d'éruptions volcaniques, ces roches subissent l'action de l'érosion par l'eau, la glace ou le vent. Les particules rocheuses se déversent alors dans les fleuves ou sont transportées jusqu'à la mer. Ces dépôts s'accumulent pendant des millions d'années. Ils s'enfoncent sous leur propre poids, puis les particules se cimentent pour former un nouveau type de roche : les roches sédimentaires (comme le grès, l'argile). En profondeur, sous l'effet de la température et de la pression, les roches magmatiques ou sédimentaires peuvent être comprimées et plissées, sans pour autant fondre. Leur structure et leur composition sont entièrement transformées, donnant naissance à une nouvelle roche, dite métamorphique (par exemple le marbre, le gneiss).

La cristallisation

Les minéraux sont constitutifs des roches. L'ordre quasi parfait des atomes qui les composent s'exprime souvent par la forme géométrique de leurs cristaux. Ces cristaux se forment lorsque des éléments chimiques présents dans un état désordonné liquide (dissous en forte concentration dans l'eau, ou bien sous forme de roche fondue dans les profondeurs de la Terre) s'organisent, sous l'effet d'un changement de température, de pression ou d'une évaporation, en motifs géométriques très réguliers. La quantité initiale des éléments chimiques, l'espace disponible et le temps laissé aux cristaux pour se former détermineront leur taille finale.

Des cristaux connus et inconnus

Certains cristaux, tels les diamants, et la plupart des pierres précieuses (rubis, grenat…) se forment à de très grandes profondeurs, car ils exigent des températures et des pressions colossales. Seuls ceux qui ont été emportés brutalement vers la surface par des remontées de magma, grâce aux volcans, nous sont accessibles. D'autres au contraire, comme les cristaux de sel, se forment à température ambiante à la surface de la Terre par simple évaporation et sont donc plus communs.

Caractéristiques des cristaux

Quelles que soient les roches au sein desquelles ils se forment, les cristaux partagent les mêmes caractéristiques fondamentales. Ils contiennent des atomes disposés en motifs répétés, disposition que reflètent leur forme géométrique, leurs faces, leurs arêtes et leurs angles. Malgré l'extrême diversité apparente des minéraux, il n'existe que sept motifs cristallins de base.

Dans la nature, cette architecture interne est rarement visible. Par exemple, le motif cristallin du quartz est hexagonal. Mais seuls les minéraux qui se sont développés sans contraintes dans des cavités naturelles (les géodes) présentent ces fameux prismes hexagonaux si appréciés des collectionneurs. Les autres, ceux qui cristallisent dans les magmas à l'origine du granite notamment, ont une forme indéfinie car le quartz se développe dans les interstices laissés par les autres minéraux.

Des cristaux de toutes les tailles

Les cristaux se forment dès qu'ils ont l'espace nécessaire, chacun évoluant si possible individuellement des cristaux voisins. De très gros cristaux peuvent se former à partir de magma chaud, si la température de ce dernier reste constante durant une longue période. Ce phénomène se produit lors de la formation de roche appelée pegmatite. Des minéraux très variés se cristallisent sur une pegmatite et certains peuvent même s'y imbriquer. Des solutions riches en minéraux s'infiltrent parfois dans les cavités, créées à l'origine par du gaz ou du liquide. Selon les conditions, il s'y forme de gros cristaux ou bien des couches de microcristaux venant tapisser les parois : ce sont les géodes, principales sources d'améthyste et d'agate rubanée.

Les couleurs

Les couleurs variées des cristaux sont dues à la présence d'impuretés dans la structure cristalline. Des éléments chimiques, bien que présents en quantité infime, modifient la manière dont la lumière traverse le cristal, une partie des rayons lumineux étant absorbée tandis que l'autre est déviée ou réfléchie. Par conséquent, la plupart des pierres de soin apparaissent dans une vaste gamme de couleurs. Aussi, un même minéral peut changer de nom selon sa couleur, ce qui peut dérouter le néophyte. Ainsi le rubis et le saphir sont-ils en réalité le même minéral, le corindon, teinté soit en rouge par des traces de chrome, soit en bleu par la présence de fer et de titane.

Savoir reconnaître la manière dont les cristaux s'organisent habituellement, leurs différentes formes et couleurs, leur aspect à l'état naturel ou sous forme de pierre précieuse taillée ou polie permet de se familiariser avec l'énergie cristalline.

L'énergie des pierres

Les hommes emploient des cristaux et des minéraux depuis des millénaires. On les retrouve aujourd'hui dans des mécanismes complexes, des moteurs, des satellites et des navettes spatiales. Ils servent également à fabriquer des teintures, des peintures et des médicaments. Ils entrent même dans notre alimentation sous forme de sel.

Forme et structure

Les qualités spécifiques des cristaux, qui les rendent visuellement fascinants et utiles sur le plan technologique, viennent de leur mode de formation au sein même de notre planète. Quand des cristaux commencent à apparaître dans les solutions surchauffées, les atomes qui les constituent s'associent librement et de la manière la plus stable possible. Chaque cristal forme rapidement un schéma atomique caractéristique à trois dimensions appelé réseau cristallin, qui se répète dans toute la structure cristalline jusqu'à ce qu'il n'y ait plus d'atome disponible.

Les pierres constituent la matière la plus stable de l'Univers. Ayant atteint une forme solide idéale, elles sont douées d'une énergie venant de leur caractère essentiellement ordonné. Du fait de leur organisation atomique, les cristaux résistent très bien aux énergies extérieures. Ainsi, de nombreux cristaux, si on les comprime ou si on les frotte, émettent leur surplus d'énergie sous forme de lumière (on parle de triboluminescence) ou de charge électrique (on parle de piézoélectricité). À l'inverse, un cristal soumis à un courant électrique réagit en se dilatant légèrement pour recevoir l'afflux d'énergie supplémentaire.

En appliquant un courant alternatif à un petit cristal de quartz, on peut ainsi créer une pulsation régulière. Ce principe est utilisé pour animer le mécanisme d'horloge des montres à quartz même si, aujourd'hui, le quartz employé est généralement artificiel.

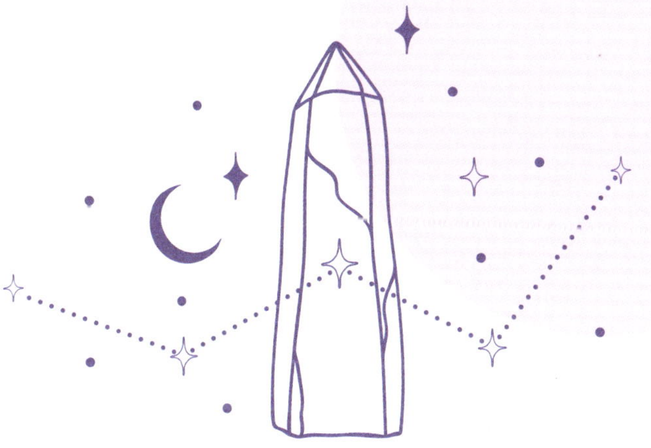

Les rayons lumineux

La structure atomique du réseau cristallin détermine si la lumière le traversera, sera déviée ou réfléchie. Certains minéraux, le quartz par exemple, permettent aux rayons lumineux de les traverser sans altération, même si la lumière est légèrement ralentie. D'autres cristaux diffractent la lumière en plusieurs rayons, ce qui crée un effet de polarisation. La tourmaline, quant à elle, arbore différentes couleurs suivant l'angle selon lequel on la regarde, tandis que la calcite renvoie la lumière, créant ainsi une image double appelée double réfraction.

La manière dont se comporte la lumière lorsqu'elle entre en contact avec un réseau cristallin explique les couleurs que nous voyons. Si les cristaux sont translucides, l'intense coloration induite introduit une énergie particulière dans l'environnement, qu'il s'agisse d'une pièce ou du champ énergétique d'une personne (son aura). Aucun autre matériau naturel n'est capable de concentrer les fréquences lumineuses de manière aussi cohérente.

Des résonateurs d'énergie naturels

Le comportement des cristaux est expliqué par la physique des solides, domaine qui s'intéresse à l'énergie au niveau subatomique, mais il ne serait pas raisonnable d'établir un lien avec la guérison et la croissance spirituelle. On ne peut faire que de timides suggestions.

Les cristaux constituent les solides les plus ordonnés et les plus simples de l'Univers. L'ordre et la simplicité permettent toujours d'apporter une plus grande cohérence aux énergies chaotiques. Ce phénomène est connu sous le nom de principe de résonance. On peut donc considérer les cristaux comme des résonateurs d'énergie naturels. Certain·es lithothérapeutes pensent que le dynamisme du corps reconnaît la simplicité ordonnée du cristal. D'après eux·elles, le cristal agirait comme un modèle permettant aux fonctions autorégulatrices du corps d'agir plus efficacement, favorisant une bonne santé et la clarté d'esprit. Les cristaux peuvent être efficaces pour libérer le stress émotionnel et apaiser les personnes anxieuses.

Le pouvoir curatif des pierres

Le quartz, ou cristal de roche, joue depuis longtemps un rôle important dans de nombreuses civilisations comme outil de guérison et de divination. Aujourd'hui, le recours populaire aux bijoux et aux amulettes porte-bonheur perpétue notre relation ancestrale à l'énergie subtile émanant des cristaux et des pierres précieuses.

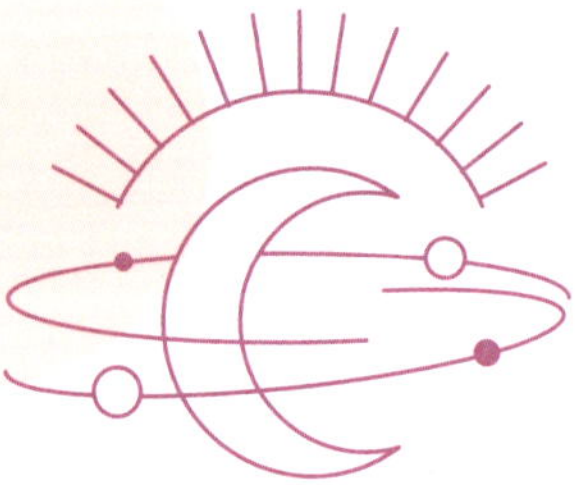

Cérémonies et rituels

Dans l'Antiquité, certaines pierres occupaient une place importante lors des rituels quotidiens et des cérémonies. Des textes indiens anciens décrivent l'origine des pierres précieuses et définissent leurs pouvoirs bénéfiques.

Le corail, la turquoise, l'oreille-de-mer, la cornaline et l'obsidienne servaient d'amulettes dans toute l'Amérique. En Amérique centrale, la turquoise et le jade étaient offerts en guise d'ornements rituels aux dieux.

Les tribus indigènes d'Amérique du Nord employaient traditionnellement des cristaux de quartz pour prédire l'issue d'une chasse ou d'une bataille. Elles scrutaient la pierre telle une boule de cristal à la recherche d'indices de succès ou d'échec, l'exposaient à la lumière du soleil et interprétaient la position des reflets lumineux.

Certains guérisseurs se servaient du quartz pour examiner leurs patient·es. Une fois les zones malades localisées, ils appliquaient le cristal sur le corps des patient·es pour en supprimer les déséquilibres. Dans ce cas, l'esprit de la pierre qui permettait la guérison était consulté, puis remercié après la séance.

En Indonésie et en Australasie (Australie, Nouvelle-Guinée, Nouvelle-Zélande), le quartz est la principale pierre employée à des fins de divination et de conversation avec les esprits. Les Aborigènes s'en servent comme moyen symbolique d'initiation à la guérison et à la sorcellerie. Dans les îles du Pacifique, le quartz est considéré comme un élément appartenant au domaine des esprits, des ancêtres et des dieux créateurs.

Les méthodes curatives

Rien ne laisse penser que les pierres servent aujourd'hui d'outils thérapeutiques de la même façon que dans l'Antiquité. Les témoignages contemporains indiquent que certain·es guérisseur·euses tibétain·es et péruvien·nes placent des pierres sur le corps et autour de celui-ci pour éliminer la maladie, mais il s'agit le plus souvent de pierres ou de galets ordinaires, et non de cristaux.

Disposer des pierres sur ou autour d'un corps à des fins curatives semble résulter de l'amalgame de plusieurs traditions. En Occident, le savoir indien et tibétain en matière d'anatomie subtile, en particulier concernant les sept chakras, est associé aux théories de la thérapie des couleurs – reliant les différentes parties du corps aux couleurs du spectre. Cette interprétation semble être la conséquence de la traduction des textes indiens effectuée par la Société théosophique au XIXe siècle et au début du XXe siècle.

Une autre méthode curative consiste à utiliser les pierres pour diriger ou amplifier l'énergie qui passe du·de la guérisseur·euse à l'aura du·de la patient·e, sorte de guérison spirituelle démultipliée. Aujourd'hui, beaucoup jugent les vertus curatives des pierres comme l'une des manifestations les plus étranges de la médecine alternative. La réputation de la lithothérapie a ainsi souffert de déclarations assez incroyables et peu fondées par certain·es de ses défenseur·euses les plus acharné·es – comme le fait que des pierres auraient été utilisées en Atlantide.

Se familiariser avec une pierre

À l'acquisition d'une pierre, observez de quelle manière elle change la perception que vous avez de vous-même. Plus vous vous familiariserez avec l'énergie de chaque pierre, mieux vous en connaîtrez les utilisations et les significations. L'exercice ci-dessous vous aidera dans vos lectures des pierres.

Répétez ce procédé aussi souvent que vous le désirez. Il est toujours judicieux de prendre des notes pendant ou immédiatement après, pour ne pas oublier les détails de votre expérience.

1/ Commencez par vous asseoir confortablement. Posez devant vous la pierre que vous souhaitez explorer, à une hauteur vous permettant de la fixer sans fatigue.

2/ Fermez les yeux, prenez quelques grandes respirations et concentrez-vous sur ce que vous ressentez.

3/ Prenez d'abord conscience de votre corps et pensez à vos sensations. Y a-t-il des zones de tension ou d'inconfort ? Ou bien ressentez-vous d'autres choses ?

4/ Concentrez-vous ensuite sur votre état émotionnel et vos pensées. Êtes-vous tendu·e ? Votre esprit est-il actif ou calme ? Êtes-vous très soucieux·euse de certains problèmes ?

5/ Lorsque vous aurez exploré votre état émotionnel, concentrez-vous sur la pierre. Pour commencer, fixez-la simplement pendant une minute ou deux.

6/ Fermez les yeux, puis concentrez-vous de nouveau attentivement sur votre esprit, votre corps et vos émotions pour voir si vous remarquez des différences, aussi infimes soient-elles.

7/ Prenez ensuite la pierre, puis examinez-la de près sous tous les angles.

8/ En gardant la pierre dans vos mains, fermez de nouveau les yeux. Notez tous les changements qui apparaissent au cours des minutes suivantes.

Vous pouvez aussi voir de quelle manière la pierre vous affecte en la portant quelques jours et en ne la mettant pas les jours suivants.

LIRE ET INTERPRÉTER LES PIERRES

La lecture et l'interprétation des pierres permettent d'acquérir une vision plus claire de l'avenir en prêtant attention aux détails et aux événements qui échappent normalement à la vigilance ou sont considérés comme peu pertinents. L'univers de la divination nous apprend que, à un certain niveau, toutes les choses sont liées. La personne qui la pratique cherche des signes d'énergies enfouies au sein de l'Univers, susceptibles de façonner les existences ou les événements futurs.

Traditions et techniques

Les personnes qui lisent et interrogent l'avenir ont souvent l'esprit pratique. Une fois leurs talents affinés, elles peuvent utiliser aussi bien des pierres que des dés ou des bougies. Les méthodes se transmettent par le biais de la tradition, mais l'esprit de la personne qui pratique demeure l'outil le plus important. En effet, les prières, techniques de lancer et accessoires ont pour seule vocation d'aider la personne à parvenir à l'état de conscience nécessaire pour interpréter correctement les signes.

Les méthodes anciennes

Les documents antiques traitant du lancer de cristaux sont incomplets. Il peut donc être difficile d'interpréter correctement l'usage qui était fait des objets. Ainsi, un collier peut avoir été porté à des fins décoratives, mais son·sa propriétaire peut aussi avoir employé les perles pour interroger l'avenir, comme c'était le cas dans certaines cultures. Dans le système de divination tibétain antique, appelé Mo, une fois que le·la consultant·e a posé sa question et répété les mantras nécessaires, on compte les perles par séries en laissant un maximum de six perles. Toutes les perles restantes, d'une à six, possèdent une signification allant d'excellent à terrible, ce qui permet à l'interrogateur·ice de connaître le résultat probable de l'aventure.

Les pierres servent depuis longtemps à communiquer avec le monde des esprits et à prédire l'avenir (tel est le cas, par exemple, de la boule de cristal). De ce fait, tous les cristaux naturels, les sphères polies ainsi que les surfaces lisses et réfléchissantes ont été utilisés à des fins divinatoires.

Jouer avec le temps

La confusion humaine, véritable raison d'être des oracles, est due au fait que nous nous représentons le temps comme un flux linéaire : passé, présent et futur. Nous existons dans le présent et pouvons nous remémorer le passé, mais nous ne sommes capables que d'imaginer l'avenir. C'est pourquoi le cours de notre existence nous apparaît toujours comme étant un voyage vers l'inconnu. Cependant, dans d'autres états de conscience, le temps est plus élastique et plus flexible. En rêve, par exemple, le passé, le présent et le futur interagissent selon leur propre logique, faisant écho au secret essentiel de la divination. Il est donc possible de libérer l'esprit des limites de l'Univers. En d'autres termes, l'esprit n'étant pas une entité physique, il n'obéit pas aux lois du temps et de l'espace.

Notre expérience du temps est intimement liée à notre métabolisme, qui rythme notre vie. Pour un être vivant au métabolisme rapide, comme le lapin, une heure peut sembler une éternité car elle renferme un grand nombre d'activités. Mais pour un arbre, au métabolisme plus lent, une année équivaut à une journée humaine.

Comme nous l'avons vu précédemment, les pierres constituent la matière la plus stable de l'Univers. Une fois formées, elles peuvent, en l'absence de bouleversements terrestres, demeurer inchangées durant des millénaires. Mais quelle expérience du temps les pierres ont-elles ? Elles voient probablement défiler l'histoire de l'humanité en un clin d'œil ! Elles sont donc assez éloignées du flux temporel. Or elles ne sont pas non plus soumises aux contraintes spatiales : en effet, bien que chaque cristal possède une forme unique, sa structure interne est constante, quel que soit l'endroit où il se trouve.

Les techniques de lancer

Si scruter les cristaux permet à la personne pratiquant la divination d'exercer librement ses facultés de clairvoyance, les techniques de lancer obéissent à des règles d'interprétation préétablies.

Les techniques de lancer peuvent prendre trois formes principales.

Avec les méthodes les plus simples, les objets lancés n'ont pas de signification individuelle. Il s'agit généralement de savoir si les noix ou les coquillages tombent du côté pile ou face. Les diverses combinaisons fournissent la réponse à la question posée. Le système africain Ifa, le Yi Jing chinois et certaines sortes de géomancie appartiennent à cette catégorie.

Dans le deuxième type de lancer, chaque objet possède une série de significations individuelles et identifiables. La manière dont chaque objet tombe par rapport aux autres brosse un tableau des relations existant entre les énergies, ce qui donne une idée de l'issue probable. Les runes germaniques, et sans doute également le système celte de Coelbren, utilisaient cette méthode. Il en est de même pour les oracles à base d'os utilisés en Afrique du Sud, dont la manière de tomber indique un résultat fixe.

La troisième méthode implique une grille ou une carte sur laquelle sont lancés les objets. Chaque partie de la grille ou de la carte correspond à un sens précis. On peut alors interpréter l'endroit où l'objet tombe ou, dans les systèmes les plus complexes, le sens spécifique attribué à chaque objet selon l'endroit où il atterrit. Dans l'art de la géomancie par exemple (littéralement « divination par la terre »), la dispersion des pierres ou le nombre de marques (traits symboliques) sont importants, mais l'élément essentiel est l'endroit où elles tombent sur un ensemble de grilles prédéfinies. L'utilisation d'un plateau spécialement conçu pour lancer les objets – le zodiaque ou la rose des vents, par exemple (voir pages 42-49) – permet d'interpréter avec précision chaque position.

Les principes de lecture des pierres

Les principes de la divination et des oracles résultent d'une conception que partageaient nos ancêtres et qui repose sur le constat que tous les événements et les objets sont inextricablement liés au sein d'un réseau d'interactions incompréhensibles pour la plupart d'entre nous. Certain·es, toutefois, entrevoient les zones obscures de cet univers, ainsi que les relations qui s'y nouent.

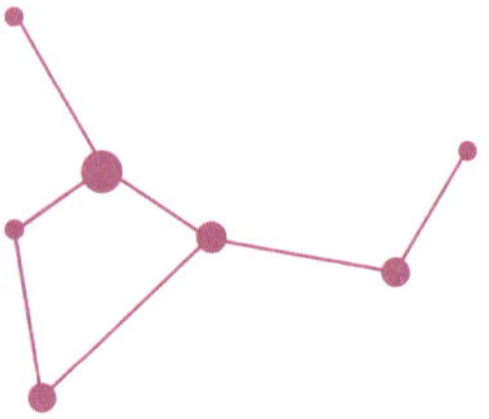

Les esprits et l'inconscient

Dans la conception primitive du monde, tout a un esprit et tout est vivant. Ce que nous percevons est souvent uniquement le signe visible et extérieur d'une réalité existant au sein d'un monde spirituel plus vaste. Donc, s'il est possible d'apprendre à poser les bonnes questions aux esprits, pourquoi ne répondraient-ils pas ?

Dans son étude de l'inconscient, le psychiatre suisse Carl Gustav Jung explore l'idée d'un réseau universel ainsi que l'apparition simultanée d'événements importants sans lien causal apparent. La recherche moderne s'est également intéressée aux concepts d'inconscient collectif et d'archétype, notamment avec la théorie du centième singe. Ce phénomène se produit quand une masse critique d'individus au sein d'une espèce apprend quelque chose de nouveau. Une fois que cette proportion d'individus a assimilé la nouvelle information, il semble qu'elle soit transmise presque instantanément à l'ensemble de la population. De la même manière, la physique et les mathématiques ont mis au jour la théorie du chaos en montrant que des événements apparemment fortuits révèlent des schémas ordonnés d'une infinie complexité.

L'inconscient – cette partie de nous-même que nous ne remarquons généralement pas dans nos pensées quotidiennes conscientes et décousues – est capable d'accéder intuitivement à ces schémas sous-jacents. Mais la pensée linéaire n'existe pas à ce niveau de conscience : les messages doivent donc être envoyés sous une autre forme. Notre esprit inconscient parle à notre esprit conscient en nous faisant remarquer des événements apparemment insignifiants ou en établissant entre eux des associations ou des liens. Ces derniers peuvent révéler des schémas sous-jacents susceptibles de déterminer des événements futurs qui se matérialiseront dans notre réalité consciente.

Apprendre à interpréter

Apprendre à prédire l'avenir implique de plonger dans les couches de conscience non verbale. Le lancer de pierres n'a pas de signification en soi et laisse l'esprit conscient sans but. Mais l'esprit intuitif relie la question posée à la manière dont les pierres tombent et peut y reconnaître des schémas importants. La tâche de celui·celle qui pratique la divination est de ramener utilement ces informations à la surface.

Les prédictions comportent des interprétations multiples. Le·la néophyte s'inquiète toujours de savoir quelle est la bonne interprétation, mais la réponse à son inquiétude consiste à laisser les significations flotter dans son esprit et à s'arrêter à la première association. Personne d'autre que vous ne peut interpréter l'oracle car c'est votre esprit qui fait office d'oracle. Les pierres, le zodiaque et tous les autres accessoires sont de simples outils qui permettent de se concentrer. Les réponses se situent dans votre esprit et non dans un quelconque objet de divination. Avec la pratique, vous saurez si une interprétation est correcte à la sensation qu'elle vous procure.

Faire une bonne lecture

Le rôle de la personne qui pratique la divination est d'aider l'interrogateur·ice – la personne en demande – à dissiper son trouble. Si la confusion de l'interrogateur·ice est moindre à la fin de la séance, celle-ci peut alors être considérée comme réussie quelle que soit la précision de la prédiction. Il est très important que le·la consulté·e et le·la consultant·e sachent clairement que la séance ne constitue pas un test visant à éprouver leur clairvoyance, leurs pouvoirs spirituels ou toute autre faculté surnaturelle. La prédiction n'a rien à voir avec la télépathie. L'interrogateur·ice doit être ouvert·e, prêt·e à recevoir des conseils et à fournir les informations dont le·la praticien·ne a besoin pour clarifier la réponse donnée par le lancer de pierres.

Le·la praticien·ne doit aussi faire attention à la manière dont il·elle délivre son interprétation. Si vous pratiquez la divination, sachez que rien n'échappe au changement. Même le fait de chercher des conseils sur des techniques de divination peut transformer de façon significative l'issue d'un événement. Évitez à tout prix de proférer des prophéties.

Un grand nombre de praticien·nes douteux·ses insistent sur le fait que l'avenir sera exactement conforme à ce qu'ils·elles voient. Où le libre arbitre se situe-t-il dans cette interprétation ? Où la compassion et la compréhension se trouvent-elles ? Le·la praticien·ne est là pour conseiller, non pour prédire. De fait, la prédiction lie inextricablement les actions futures de l'interrogateur·ice au·à la praticien·ne, car ce·cette dernier·ère devient une cause importante de ses actions.

La lecture et l'interprétation devraient être un processus consistant à explorer des possibilités. L'issue souhaitée est la clarté à laquelle le·la praticien·ne comme l'interrogateur·ice doivent s'employer. Le réseau comporte une infinité de fils sur lesquels il est possible de voyager. Mais un réseau est également parsemé de trous dans lesquels on peut tomber. La tâche de celui·celle qui pratique la divination consiste donc à se concentrer sur les fils susceptibles de franchir les vides inconnus de l'existence, et non pas de distraire le·la consultant·e avec des observations banales voire inappropriées.

Le choix de votre pierre personnelle

Toute personne qui cherche sa pierre personnelle peut suivre les conseils ci-dessous. Elle peut choisir une pierre si elle effectue elle-même la prédiction ou si quelqu'un d'autre la réalise pour elle. Si l'interrogateur·ice est absent·e lors de la séance, le·la praticien·ne peut choisir une pierre en son nom. Le choix d'une pierre personnelle peut s'effectuer de diverses manières. Les systèmes orientaux et occidentaux peuvent servir de guides. Il est également possible de ne pas suivre les systèmes existants et d'adopter, à l'inverse, une approche intuitive. Les pages suivantes exposent ces trois méthodes.

Les systèmes orientaux

Dans les premiers textes ayurvédiques et tantriques, certaines pierres précieuses correspondaient à des parties spécifiques du corps humain. Porter ces pierres était censé contribuer à la guérison des parties du corps concernées et favoriser l'évolution de la personne. Neuf pierres étaient reliées aux planètes et aux nœuds de la Lune (des points dans l'espace liés aux mouvements de la Lune et au mouvement apparent du Soleil) et quatre pierres supplémentaires étaient exclusivement reliées au corps.

Le tableau de la page 26 montre les planètes, les parties du corps et les pierres qui leur correspondent ainsi que des substituts acceptables. Vous pouvez vous en servir afin de sélectionner votre pierre personnelle ou de choisir une pierre pour la personne qui vous a demandé une prédiction. Ce système est particulièrement utile si l'interrogateur·ice a des problèmes avec une partie de son corps. Le choix de la pierre adéquate contribuera peut-être à la soulager.

D'autres correspondances ayurvédiques étaient liées aux signes du zodiaque. Certaines pierres précieuses ont de fortes connexions avec certains signes et, d'après ce système, chaque signe devrait éviter certaines pierres spécifiques. Le tableau situé sur la page ci-contre permet de choisir une pierre grâce à ce système.

Pierre et cristal	Signe principal	Signe secondaire	Signe devant éviter cette pierre
Rubis			
Perle			
Corail			
Émeraude			
Topaze			
Diamant			
Saphir bleu			
Améthyste		–	
Œil-de-chat		–	

Planète et nœud	Partie du corps	Pierre et cristal	Substitut acceptable
Soleil	Sang	Rubis	Quartz rose, grenat, zircon, spinelle
Lune	Dents	Perle	Pierre de lune, quartz
Mercure	Bile	Émeraude	Aigue-marine, jade, tourmaline verte, péridot
Vénus	Os	Diamant	Pierres blanches
Mars	Intestins	Corail	Carnélite, jaspe rouge
Jupiter	Peau	Saphir jaune	Topaze, citrine
Saturne	Yeux	Saphir bleu	Améthyste, lapis-lazuli
Rahu (nœud nord)	Ovules, spermatozoïdes	Grenat, hessonite	–
Ketu (nœud sud)	Ouïe Ongles Vue, foie Corps entier Rate	Œil-de-chat (chrysobéryl) Tourmaline Lapis-lazuli Agate Quartz	–

Les systèmes occidentaux

En Occident, dès le ve siècle après J.-C., les auteurs ont relié les douze pierres qui ornent le pectoral du grand prêtre hébreu Aaron aux douze signes du zodiaque et, par la suite, aux douze mois de l'année. Mais c'est en 1912, lors d'une rencontre de l'association américaine des bijoutiers au Kansas, qu'un consensus a été trouvé à propos du lien entre les cristaux, les pierres porte-bonheur, les mois de l'année et les signes du zodiaque. Les listes figurant ci-contre et sur la page suivante sont considérées comme des guides de référence.

D'autres manières de choisir votre pierre personnelle

S'inspirer des guides orientaux ou occidentaux constitue une manière de choisir sa pierre personnelle. Aujourd'hui, on trouve facilement de multiples cristaux et autres pierres ; au fil des années, un grand nombre d'entre eux se fraye un chemin dans nos vies. Vous souhaiterez donc peut-être choisir votre pierre personnelle d'instinct, en la voyant, après avoir effectué des recherches ou au hasard.

Mois	Pierre porte-bonheur
Janvier	Grenat
Février	Améthyste
Mars	Aigue-marine, jaspe, sanguine
Avril	Diamant
Mai	Agate, émeraude
Juin	Perle, émeraude, pierre de lune
Juillet	Rubis, onyx
Août	Péridot, carnélite
Septembre	Saphir
Octobre	Opale, tourmaline, aigue-marine
Novembre	Topaze
Décembre	Turquoise, rubis, lapis-lazuli

La préférence

La meilleure raison de choisir une pierre est liée à l'appréciation que vous en avez. Nous désirons quelque chose car le fait de le voir provoque en nous une émotion et conforte notre bien-être. Manifester une préférence est pour chacun·e un moyen de révéler sa personnalité. Il est vrai que les préférences peuvent venir invalider un choix initial, mais cette élasticité de l'esprit est naturelle : il est donc logique de changer de pierre personnelle si le besoin s'en fait sentir. Certaines personnes s'en tiennent à leur choix instinctif pendant toute leur vie. Cette pierre reflète alors généralement des éléments-clés de la personnalité de l'individu, ainsi que ses schémas comportementaux.

La couleur

Leur couleur constitue l'un des plus grands attraits des pierres. Notre réaction aux couleurs est tellement instinctive qu'il faut y prêter la plus grande attention. Certaines réactions relèvent de l'émotion pure : « Merveilleux ! Je pourrais la manger ! » ou « Faites disparaître cette couleur de ma vue », sans compter toutes les positions

Signe zodiacal	Dates	Pierres et cristaux
	21 mars - 20 avril	Diamant, sanguine, émeraude, aigue-marine
	21 avril - 20 mai	Émeraude, diamant
	21 mai - 21 juin	Perle, pierre de lune, agate, émeraude
	22 juin - 22 juillet	Rubis, émeraude
	23 juillet - 22 août	Rubis, péridot, turquoise
	23 août - 22 septembre	Opale, tourmaline, péridot
	23 septembre - 22 octobre	Opale, tourmaline, saphir, topaze
	23 octobre - 22 novembre	Topaze, opale, aigue-marine
	23 novembre - 21 décembre	Turquoise, grenat, topaze
	22 décembre - 20 janvier	Grenat, turquoise
	21 janvier - 19 février	Améthyste, grenat, rubis, diamant, jade
	20 février - 20 mars	Aigue-marine, pierre de lune, jaspe, améthyste

intermédiaires. La méthode suivante peut vous aider à choisir d'instinct votre pierre personnelle.

1/ Posez devant vous une sélection de pierres.
2/ Fermez les yeux et ralentissez votre respiration.
3/ Pensez qu'en les ouvrant, vous serez attiré·e par un cristal qui pourrait vous servir de pierre personnelle.
4/ Ouvrez les yeux et observez la pierre sur laquelle ils se posent spontanément : elle devient votre pierre personnelle.

Cette méthode peut permettre de sélectionner des pierres personnelles à des fins prédictives. Elle sert aussi à trouver des pierres qui vous aideront sur une période plus longue ou pour des objectifs particuliers. Assurez-vous simplement d'avoir une intention claire en tête avant de choisir votre pierre.

Recherches à propos des qualités des pierres

Certaines personnes préfèrent adopter une approche plus logique pour choisir leur pierre. Depuis trente ou quarante ans, de nombreux ouvrages ont détaillé les qualités et les utilisations possibles des pierres. Ces sources d'information sont un bon moyen d'évaluer la manière dont elles sont généralement perçues par les professionnel·les ou par les amateur·ices averti·es qui ont étudié leurs pouvoirs et propriétés.

Si vous choisissez cette méthode, la consultation du plus grand nombre de sources possible s'impose. Certaines pierres sembleront correspondre assez étroitement à vos traits de caractère. Elles feront de bonnes pierres personnelles. Une autre approche consiste à choisir votre pierre en fonction des qualités que vous souhaitez développer. Si vous voulez devenir plus patient·e, par exemple, la meilleure solution serait de sélectionner une pierre bleu foncé et d'éviter principalement les pierres rouges, orange et jaunes. Consultez les pages 52 à 129 pour trouver les caractéristiques associées aux pierres décrites dans ce livre.

Sélectionner une pierre au hasard

Choisir une pierre personnelle au hasard est la solution idéale pour les prédictions ou tout simplement pour choisir sa pierre du jour. Voici deux méthodes parfaitement appropriées.

Méthode n° 1

1/ Placez toutes les pierres dans un sac en tissu.
2/ Relaxez-vous et respirez plus lentement.
3/ Ayez la ferme intention de trouver votre pierre personnelle de la journée ou pour la prédiction.
4/ Plongez la main dans le sac et extrayez-en une.
5/ Si vous le souhaitez, vous pouvez regarder la fiche de la pierre choisie. Elle vous fournira peut-être des conseils pertinents ou une aide.

Méthode n° 2

1/ Coupez ou déchirez autant de petits morceaux de papier que vous avez de pierres.
2/ Écrivez votre nom sur un morceau de papier, placez tous les morceaux face blanche au-dessus et mélangez-les.
3/ Posez une pierre sur chacun d'entre eux.
4/ Quand tous sont surmontés d'une pierre, retournez-les jusqu'à ce que vous retrouviez celui sur lequel votre nom est inscrit. La pierre correspondante peut devenir votre pierre personnelle ou votre pierre du jour. Regardez les significations associées à votre pierre dans cet ouvrage afin de mieux la comprendre.

Préparer les pierres et l'espace

Avant de commencer à travailler avec les pierres, il est nécessaire de les purifier pour qu'elles soient libérées de toute influence ou énergie extérieures. La plupart des cristaux durs (à partir de 3 sur l'échelle de Mohs) peuvent être lavés avec précaution dans de l'eau légèrement savonneuse. Cependant, le lavage est susceptible d'endommager les cristaux moins durs. Par conséquent, il faut les purifier en adoptant d'autres méthodes. En voici quelques-unes.

Le son

Cette méthode de purification consiste à utiliser des cloches, des cymbales ou des bols chantants. Une sonorité aiguë de bonne qualité permettra aux pierres de libérer les énergies négatives accumulées. Si vous placez les pierres dans un bol chantant, déposez un petit morceau de tissu au fond pour éviter qu'elles ne s'entrechoquent.

L'encens

Utiliser de l'encens constitue une méthode de purification facile et efficace. Il est possible d'exposer chaque pierre plusieurs fois aux émanations d'encens. Les encens purifiants tels le santal et le pin sont populaires, de même que le cèdre et la sauge blanche employés traditionnellement par les Amérindiens pour purifier l'espace rituel. Une autre possibilité consiste à nouer des brins de lavande séchée et à les brûler, car ils dégagent une odeur agréable. Les feuilles de laurier brûlées donnent une fumée purifiante et âcre.

Le sel

L'utilisation d'eau salée pour purifier les pierres est déconseillée car le sel se loge dans leurs cavités et peut ternir certaines surfaces. Il est néanmoins possible d'employer du sel de mer sec. Posez-le simplement sur les pierres et laissez-le agir pendant 24 heures (jetez ensuite le sel à la poubelle).

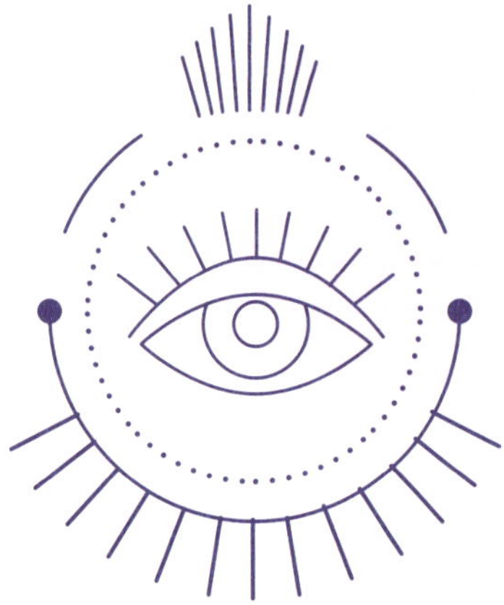

La préparation de l'espace

L'espace où a lieu la séance peut être simple ou sophistiqué, selon les cas. Il est généralement très utile de suivre un procédé particulier pour le préparer. Voici quelques suggestions :

1/ Effectuer la séance dans une lumière tamisée ou vive est une décision personnelle. Les facultés intuitives fonctionnent mieux lorsque vous êtes détendu·e et que vous vous sentez en sécurité. C'est donc à vous de décider ce qui vous conviendra le mieux.

2/ Vous pouvez disposer une petite lampe ou une bougie à proximité du lieu de prédiction.

3/ Choisissez un tissu afin d'y poser le zodiaque ou la rose des vents. À vous d'en choisir la couleur. Le noir est la couleur le plus souvent associée aux prédictions, bien que les ors et les rouges profonds soient plus attrayants.

4/ Les petits objets tels que les fleurs, les talismans ou les images spirituelles peuvent également trouver leur place dans cet espace.

5/ Si vous utilisez un plateau divinatoire comme support, vous devrez décider de son orientation. Cette considération s'applique notamment à la rose des vents (voir pages 34-36). Ainsi, vous préférerez peut-être mettre le haut du plateau vers le nord. Vous pouvez aussi avoir une préférence concernant l'endroit où vous serez assis·e. Réfléchissez donc bien avant de choisir votre place.

6/ Pensez à la manière dont vous présenterez vos pierres : dans une vitrine ouverte, une boîte ou un sac fermé.

Avant de commencer

Lorsque l'espace est prêt, brûlez de l'encens et quittez la pièce pour vous préparer. Veillez à ne pas être dérangé·e par le téléphone, la sonnette, vos enfants ou vos animaux domestiques. Allumez la bougie ou la lampe pour effectuer la séance.

Une fois la prédiction achevée, éteignez la lampe ou soufflez la bougie. Rangez tous vos accessoires, puis purifiez les pierres. Faites brûler davantage d'encens si vous le désirez et laissez la pièce vide un instant.

Équilibrer son esprit

La préparation du·de la praticien·ne constitue le facteur le plus important, influençant la clarté et la précision de la lecture des pierres. Préparation de l'espace physique et préparation mentale sont ainsi essentielles.

Le centrage

Les techniques de centrage amènent les énergies personnelles à un point d'équilibre et de repos, tout en favorisant le détachement et la clarté d'esprit. Tout cela facilite l'intuition, ainsi que la circulation des informations. Voici une technique de centrage particulièrement efficace :

1/ Asseyez-vous quelques instants, puis restez immobile pour permettre à votre corps et à votre respiration de se calmer.

2/ Fixez votre attention sur votre respiration, puis sur votre colonne vertébrale.

3/ Imaginez que votre souffle monte et descend le long de votre colonne vertébrale pendant cinq à dix minutes.

4/ Désintéressez-vous du souffle, puis dirigez toute votre attention sur votre colonne vertébrale.

5/ Au bout de quelques minutes, concentrez-vous sur le moment présent. Vous pouvez également utiliser la technique du tapotage décrite page 41.

S'ancrer dans la Terre

L'ancrage relie la personne pratiquant la divination aux ressources de la planète. Il permet de faire le plein d'énergie brute nécessaire à une bonne prédiction. Il protège aussi l'intégrité de l'énergie personnelle du·de la praticien·ne, empêchant d'absorber la négativité notamment lorsqu'il·elle effectue une prédiction pour un tiers. Voici une technique reconnue de connexion à la Terre nommée « faire pousser les racines ».

1/ Restez immobile quelques instants pour permettre à votre corps et à votre respiration de se calmer.

2/ Dirigez votre attention sur vos pieds.

3/ Imaginez des racines qui poussent et s'enfoncent dans le sol.

4/ Sur chaque expiration, allongez les racines vers l'extérieur.

5/ Sur chaque inspiration, sentez l'énergie et la stabilité terrestres remplir tout votre corps.

6/ Au bout d'une minute, concentrez-vous sur le moment présent. L'ancrage à la Terre peut suivre immédiatement le centrage de l'énergie. Il peut également intervenir durant la séance si l'une des deux personnes perd sa concentration.

La consécration

La plupart de ceux·celles qui pratiquent la divination aiment consacrer leur travail. La consécration peut correspondre à une simple demande de conseils à l'Univers dans son ensemble, ou être très élaborée. Une consécration se doit avant tout d'être pertinente et d'avoir du sens pour le·la praticien·ne. Si vous n'adhérez à aucune croyance spécifique, une consécration aux énergies supérieures de la Lumière peut néanmoins répondre à vos besoins. Quelle que soit la consécration choisie, elle doit être effectuée avec foi et conscience.

Terminer la séance

Quand la prédiction est finie, instaurez un rituel séparant clairement la séance de la vie quotidienne.

- Éteignez la lumière ou soufflez les bougies.
- Repliez le tissu et le plateau divinatoire.
- Nettoyez vos pierres.
- Lavez-vous les mains pour marquer la séparation, au moins symboliquement.
- Changez de vêtements.

Méthodes de lecture des pierres

Ce chapitre s'intéresse à plusieurs types de lectures parmi les plus populaires : lire dans une boule de cristal, interroger un pendule et lancer des pierres sur un plateau divinatoire.

La rose des vents

La rose des vents est un outil qui aide à clarifier le présent et l'avenir de la personne à l'origine des questions, lorsque l'on y lance des pierres. Le·la praticien·ne lit la position des pierres lancées sur le plateau ainsi que les propriétés divinatoires de chacune d'elles, puis les interprète. Les directions indiquées sur le plateau divinatoire servent de guide à l'interprétation (voir page 42 pour la manière de lancer les pierres et pages 46 à 47 pour la description de l'utilisation du plateau).

Les civilisations antiques voyaient une signification rituelle et magique dans les points cardinaux. Le passage du Soleil dans le ciel était un moyen de mesurer le temps ; par conséquent, les directions où le Soleil et les étoiles se levaient puis se couchaient faisaient partie intégrante de la vie rituelle et religieuse. Chaque culture décrivait à sa manière les directions liées aux dieux, aux déesses, aux animaux et aux éléments. Les descriptions suivantes amalgament les traditions chinoise, amérindienne et celte.

Le nord-ouest

Cette direction représente essentiellement les interactions sociales et les situations d'aide à autrui. Les personnes nous apportant de l'aide s'y situent de même que celles que nous considérons comme des professeur·es ou des conseiller·ères, ainsi que celles dont nous partageons les idéaux. Les interactions sociales peuvent néanmoins provoquer des tensions : cette direction doit donc inciter à la prudence. Les voyages sont également concernés.

L'ouest

L'ouest concerne le soin physique que nous prenons de notre corps. Les talents qui ont besoin d'être développés peuvent aussi entrer en jeu. Tout ce que nous considérons comme précieux et qui bénéficierait d'un soin particulier (les enfants, la planète…) se situe également à l'ouest. Cependant, le désir de s'occuper de quelque chose ou de quelqu'un peut se révéler dévorant, voire destructeur si les exigences sont supérieures à ce que nous pouvons offrir. L'ouest représente par ailleurs les choix, ce qui pose alors la question des priorités propres à chacun·e. La joie de vivre et le bonheur que procure le fait de voir prospérer ce et ceux·celles dont nous nous occupons font également partie de cette direction.

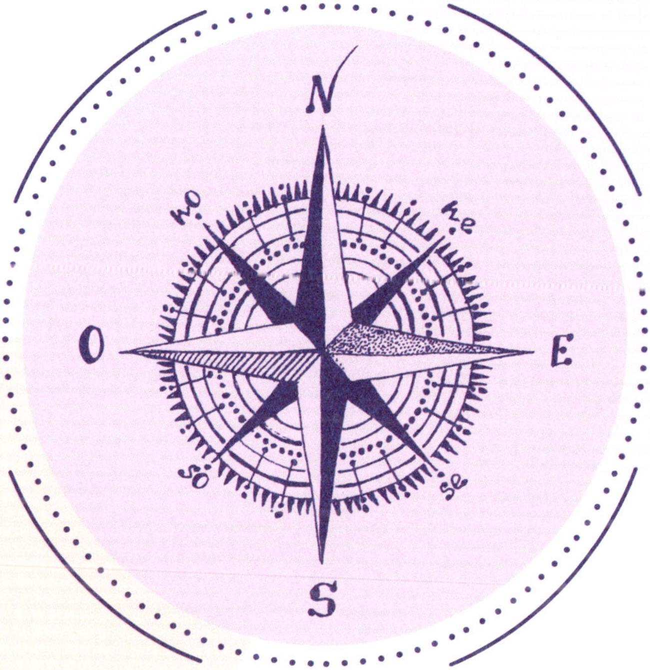

Le sud-ouest

Le sud-ouest concerne tous les aspects relationnels et souligne les liens émotionnels. C'est une direction très réceptive, indiquant que nous absorbons les émotions d'autrui. Le sud-ouest s'intéresse particulièrement à l'amour de soi et d'autrui. L'amour est une émotion exigeant de la souplesse car elle est fluctuante. Même au cœur de relations très stables, les partenaires tendent à s'éprendre puis à se détacher l'un de l'autre en permanence. Le plus grand défi au sein d'une relation est de permettre à l'autre de rester lui·elle-même. Cette direction est affaire de sécurité et de confiance dans les relations.

Le nord

Les talents sont rassemblés au nord qui facilite l'épanouissement du potentiel personnel. Le temps et la patience sont néanmoins nécessaires pour réaliser pleinement ce potentiel. Nous devons être capables d'accepter et de travailler sur nos faiblesses. Si nous ne les acceptons pas, nous ne posséderons aucune base solide.

Le nord-est

Le nord-est représente l'extension des limites du savoir. Pour ceux·celles qui éprouvent le besoin de s'améliorer ou de voir évoluer leur situation, cette direction couvre l'éducation sous toutes ses formes, des découvertes quotidiennes aux concepts philosophiques. L'un des aspects de l'amélioration de soi consiste à prendre du temps pour réfléchir. Les périodes de calme et de réflexion appartiennent à cette direction.

L'est

L'est concerne les questions liées à la famille et aux relations entre des groupes de personnes assimilables à une famille. Le problème de la responsabilité se pose, ainsi que celui de la limite étroite entre l'intérêt pour autrui et l'étouffement, la liberté et la restriction. Si l'on considère l'aspect négatif, le stress émotionnel causé par de lourdes responsabilités peut engendrer une multitude de soucis de santé. Une approche mentale différente face à ces problèmes peut se révéler très utile, de même qu'une communication plus efficace, facteur essentiel à la bonne santé familiale.

Le sud-est

Cette direction est souvent associée à tous les aspects de la richesse. La plupart des gens associent ce terme à l'argent (et le sud-est recouvre assurément cette forme de richesse), mais nous faisons ici également allusion à d'autres éléments à l'origine d'un sentiment de prospérité. Pour certaines personnes, il s'agira de la santé, des enfants, du bonheur ou des ami·es. Pour d'autres, l'accumulation de biens matériels suffira. Cette direction est également liée à la beauté naturelle et à l'harmonie. Elle peut indiquer une compréhension instinctive de la vie en général et le sentiment d'être en accord avec le monde.

Le sud

Le sud est associé à la reconnaissance des efforts fournis dans notre travail. Atteindre le succès exige le plus souvent de l'entêtement, de la constance et beaucoup de chance. Il est nécessaire de croire en la manière dont fonctionne le monde pour avancer sans certitude quant au résultat. Dire la vérité est un aspect important des énergies du sud. Cela s'applique essentiellement à soi-même, car lorsque quelqu'un se fait des illusions, il doit en payer le prix.

Le zodiaque

Fondé sur les maisons astrologiques, le zodiaque constitue un autre instrument divinatoire populaire sur lequel il est possible de lancer des pierres (se référer à la page 42 pour la façon de lancer les pierres et aux pages 48 à 49 pour la description de l'utilisation du zodiaque). Les maisons astrologiques sont des subdivisions numérotées de la roue du zodiaque et montrent dans quel domaine de la vie certaines énergies se manifestent. Comme avec la rose des vents, le·la praticien·ne interprète l'endroit où tombent les pierres ainsi que les propriétés divinatoires de chacune d'elles.

Maison une

Cette maison indique la manière dont l'individu qui pose les questions apparaît au monde. Elle peut aussi montrer les besoins vitaux de cette personne et indiquer les qualités que cette dernière doit apprendre à accepter chez elle.

Maison deux

Nos valeurs et la manière dont elles façonnent le monde occupent une place essentielle dans cette maison. Ces valeurs entrent dans deux grandes catégories : la première catégorie concerne la valeur que nous attachons à l'intégrité et la seconde concerne la manière dont nous attirons l'argent ainsi que notre attitude envers ce dernier.

Maison trois

Cette maison englobe les voyages de courte durée. Elle concerne aussi la manière dont nous communiquons dans la vie de tous les jours, les relations avec nos frères et sœurs, les cancans et le manque de discrétion. Cette maison recommande l'adoption d'une attitude plus détendue face à la vie.

CAPRICORNE
SAGITTAIRE
SCORPION
BALANCE
VIERGE
LION
CANCER
GÉMEAUX
TAUREAU
BÉLIER
POISSONS
VERSEAU
1
2
3
4
5
6
7
8
9
10
11
12

Maison quatre

Cette subdivision représente les racines d'un problème ou d'une situation et fait référence à toutes les difficultés sous-jacentes. Elle peut donner une indication concernant le contexte émotionnel d'un problème – l'insécurité qui lui est liée peut provoquer de grandes peurs. Le foyer constitue un autre aspect de cette maison, et notamment les déménagements ainsi que les changements de situation familiale. Nous apprenons également ce que quelqu'un attend de son domicile.

Maison cinq

À première vue, cette maison semble très variée puisqu'elle concerne les enfants, les hobbies, la créativité, les jeux d'argent et la vie sentimentale. Mais à y regarder de plus près, un fil directeur relie tous ces éléments : le plaisir. Là, nous avons besoin d'apprécier la vie, de nous alléger, puis de prendre quelques risques. Cette maison inclut aussi les rencontres romantiques, les flirts et les relations inconditionnelles.

Maison six

Elle traite du travail au quotidien et de la santé. Elle définit les compétences professionnelles ainsi que le type de travail apprécié. Les indications liées à la santé montrent à quel endroit le corps accumule le stress.

Maison sept

Cette maison traite des relations personnelles, professionnelles et publiques, et souligne les difficultés qui leur sont liées. Elle peut aussi indiquer le rôle joué dans un contexte public ou professionnel. Les réactions face aux problèmes juridiques apparaissent également ici.

Maison huit

Les situations ramenant à la surface des émotions profondes sont évidentes dans cette maison : la naissance, la mort ou un changement de vie majeur, par exemple. Les talents de médium permettant le transfert d'informations apparaissent également ici. Enfin, les questions concernant l'argent entrent aussi dans le champ de compétences de cette maison.

Maison neuf

Cette maison implique l'acquisition de connaissances. Elle inclut l'apprentissage par l'étude ou les voyages, et la diffusion d'informations par les médias. Tout ce qui ouvre l'horizon de l'expérience, notamment le débat philosophique, est également présent.

Maison dix

Cette maison indique le statut d'une personne aux yeux du public. Elle représente aussi l'image que celle-ci souhaite donner, montrant ainsi en réalité une image créée. Elle est le véhicule des ambitions, des objectifs, et peut aussi montrer quels projets sont nécessaires à long terme.

Maison onze

Cette maison figure les ami·es, les connaissances et les activités que nous effectuons en leur compagnie. Notre attitude générale concernant la communauté et le désir de servir sans que nos efforts soient reconnus représentent également des aspects de cette maison.

Maison douze

Le jardin secret de la personne se manifeste souvent ici. C'est là que l'on trouve les éléments cachés de notre personnalité pouvant empêcher la réalisation de nos projets. Pour mettre fin à cette action destructrice, nous devons examiner notre inconscient au moyen de la méditation et des rêves pour découvrir ce qui s'y cache.

Lire dans une boule de cristal

Plonger ses yeux dans une boule de cristal et prédire l'avenir est, d'une certaine manière, un moyen de pénétrer dans les mondes parallèles. Ce talent implique une interprétation correcte des images qui surgissent, exigeant une bonne mise en conditions, tant pour la personne qui va effectuer la prédiction que pour celle qui l'interroge (même si cette dernière n'est pas présente lors de la séance). Une boule en cristal de roche ou en verre est l'outil par excellence pour cette activité, mais de nombreux autres objets peuvent également être utilisés : des miroirs concaves, des disques taillés en obsidienne noire, des bols d'eau ou d'encre, des étendues d'eau dormante et même les ongles !

L'objet employé, quel qu'il soit, agit comme une fenêtre à travers laquelle le·la praticien·ne voit. Scruter la boule de cristal exige de la constance et de la patience. C'est un exercice mental utile même si le succès n'est pas total.

L'objet est une fenêtre sur laquelle reposer vos yeux et votre esprit. Disposez-le de manière à pouvoir le fixer confortablement sans vous fatiguer. Il est préférable de l'entourer d'un tissu noir afin de réduire les risques de distraction.

- Utilisez une lumière douce, éventuellement une bougie, ou travaillez dans l'obscurité. Placez l'instrument de manière qu'il n'y ait aucun reflet visible de l'endroit où vous êtes assis·e.
- Fermez les yeux et concentrez-vous sur l'objet de la divination. Tout ce que vous verrez ou sentirez sera d'une certaine manière lié à votre question, donc plus l'intention sera claire, plus votre réponse le sera.
- Ouvrez les yeux et fixez l'instrument. Ne vous concentrez ni sur sa surface, ni sur sa partie interne. Utilisez-le plutôt comme une fenêtre et regardez au-delà. Gardez l'œil détendu mais fixe.
- Avec la pratique, vous constaterez un changement au bout d'un certain temps, souvent décrit comme une brume blanche ou un tourbillon dans le champ de vision. Il est alors important de vous concentrer sur l'intention tout en restant détendu·e, en faisant très attention à tout ce qui se passe, comme si vous regardiez les étoiles avec une vision périphérique ou des dessins en trois dimensions sur un ordinateur.
- Tout ce que vous percevez se situe dans votre esprit et non dans le miroir ou la boule, et il suffit d'une perturbation mentale pour mettre fin à la vision. Votre capacité à vous concentrer sur la durée est essentielle.
- Lorsque la séance est terminée, ramenez votre esprit à son état de concentration normal en couvrant la surface de vision d'un tissu, en intensifiant la lumière et en ayant recours aux techniques de centrage (voir page 32). Le simple fait de regarder dans une boule de cristal crée un état de transe : il est donc important de vous assurer que votre conscience opère de nouveau normalement. N'hésitez pas à prendre des notes après cette expérience, elles vous seront utiles lors des séances futures.

Interroger un pendule

Les cristaux font des pendules très efficaces. Un pendule amplifie les mouvements à peine perceptibles de l'utilisateur·ice pour créer une oscillation. Ces déplacements constituent une réponse physique aux subtiles modifications énergétiques du corps. Les types de balancements du pendule, notamment pour les questions attendant un « oui » ou un « non », sont individuels. Déchiffrer les réponses du pendule n'est donc pas une mince affaire !

La pratique du pendule

L'exercice mentionné ci-dessous montre que le pendule suit vos yeux et vos pensées si vous le laissez faire. Lorsque vous utilisez un pendule pour obtenir une réponse courte comme « oui » ou « non », vos pensées doivent être neutres et vos yeux ne doivent pas fixer le pendule. Vous devez plutôt regarder au-delà. Si vous le scrutez directement, il oscillera simplement dans la direction que vous souhaitez et la divination manquera de précision.

- Procurez-vous un pendule en cristal qui vous convient tant en termes de poids que de type de cristal. Pour trouver un cristal dont le poids est agréable, essayez plusieurs tailles de cristaux et faites osciller le pendule pour le tester.
- En vous servant des flèches situées ci-contre comme d'un guide, faites tourner le pendule au-dessus de chaque flèche et concentrez-vous sur ces dernières. Vous remarquerez qu'en fixant le pendule, vous pouvez le faire bouger dans la direction des flèches – capacité à ne pas exploiter, bien sûr, quand vous l'interrogez !

Trouver votre réponse personnelle aux questions attendant un « oui » ou un « non »

Après avoir choisi le pendule approprié, suivez les étapes mentionnées sur la page ci-contre pour déterminer les mouvements correspondant aux réponses positives et négatives.

Vos réponses positives et négatives

Notez de quelle manière le pendule oscille pour indiquer « oui » et « non ».

Si les deux réponses se ressemblent, ne vous inquiétez pas. Faites une pause pendant quelques heures et réessayez en accordant plus de temps au tapotage (voir étape 2 ci-dessous). Vous êtes maintenant prêt·e à utiliser votre pendule pour indiquer des réponses simples comme « oui » et « non » mais, avant de commencer, ayez à l'esprit ces points généraux :

- Si vous êtes trop investi·e émotionnellement dans le résultat éventuel, il est peu probable que vous obteniez des réponses précises.
- On doit pouvoir répondre aux questions posées par « oui » ou « non ». Par exemple, si la réponse à la question « La lettre de Georges va-t-elle arriver lundi ? » est négative, vous devez répéter la question pour tous les jours de la semaine jusqu'à ce que la réponse soit positive.
- Si vous posez une série de questions sans parvenir à un résultat, réexaminez-les. Les questions précises sont plus efficaces que les questions vagues qui produisent des réponses floues.

1/ Installez-vous dans un endroit où vous ne serez pas distrait·e et qui vous procure tout le confort nécessaire.

2/ Tapotez légèrement d'une main le haut de votre sternum avec le bout des doigts dix à quinze fois. Ce geste équilibre temporairement les énergies corporelles et permet d'affiner l'interrogation du pendule (il porte le nom de tapotement).

3/ En tenant le pendule d'une main, faites-le osciller d'avant en arrière.

4/ Placez l'autre main sur votre nombril (ce geste vous relie directement au centre du subtil système énergétique corporel).

5/ Fermez les yeux.

6/ Concentrez-vous sur l'affirmation suivante : « Indique-moi une réponse positive ».

7/ Après un bref instant, ouvrez les yeux et observez le mouvement du pendule.

8/ Répétez les étapes 2 à 5.

9/ Concentrez-vous sur l'affirmation : « Indique-moi une réponse négative ».

10/ Après un bref instant, ouvrez les yeux et observez le mouvement du pendule.

Le lancer des pierres

Pour une lecture complète, il vous faut au moins trente pierres différentes ne dépassant pas 25 mm de longueur. Une fois choisies, mieux vaut les réserver à la divination. De cette façon, vos interprétations conserveront un caractère sacré et pur. Il est important de nettoyer les pierres après chaque utilisation afin de les purifier.

Vous pouvez laisser les pierres tomber au hasard sur le zodiaque ou sur la rose des vents, ou bien les placer délibérément sur des zones spécifiques. Le fait que certaines pierres tombent à côté du plateau n'est pas négligeable et doit être pris en compte dans l'interprétation. Voici quelques méthodes pour lancer les pierres.

Lancer les pierres ensemble

Sélectionnez treize pierres. Vous pouvez y inclure votre pierre personnelle ou sélectionner treize pierres en plus de celle-ci. Si les pierres ne sont pas trop volumineuses, rassemblez-les dans vos mains et secouez-les doucement. Ce faisant, concentrez-vous sur la question que vous allez poser. Quand le moment vous semble opportun, lâchez les pierres sur le plateau. Laissez-les à l'endroit où elles tombent.

Lancer les pierres une par une

Gardez les pierres à portée de main en les conservant dans un sac ou dans une boîte hors de votre vue. Concentrez-vous sur votre question. Prenez une pierre, puis lancez-la sur le plateau. Répétez l'opération jusqu'à ce que toutes les pierres soient dessus, en réservant votre pierre personnelle pour le dernier lancer. Cette méthode permet au subconscient de s'adapter à chaque action. Cette adaptation donne une plus grande précision et davantage de profondeur à la divination, en particulier si la question est complexe.

Le placement individuel

Prenez un moment pour vous concentrer sur le plateau vide en pensant intensément à votre question. En fixant votre attention sur la première zone où vous désirez placer une pierre – peut-être la plus pertinente –, prenez-en une au hasard et posez-la dans cette zone. Continuez ainsi jusqu'à ce que toutes les zones désirées soient occupées. Si votre pierre personnelle figure parmi celles que vous avez sélectionnées, placez-la au centre pour compléter le jeu ou posez-la intuitivement sur une des zones afin d'aiguiser votre concentration.

La lecture ciblée

En vous appuyant sur les informations du répertoire des pierres, pages 52 à 129, choisissez les treize pierres qui vous semblent le mieux refléter le sujet de votre question. Vous pouvez les lancer au hasard sur le plateau ou recourir à la méthode du placement individuel.

L'interprétation des pierres

Quelle que soit la méthode de lecture choisie, l'interprétation ne sera pertinente que si le·la praticien·ne se concentre sur la question posée pendant tout le processus, de sorte que l'information donnée ait un lien fort avec le problème traité. En effet, si la question porte sur le travail mais que la réponse concerne le domaine sentimental, elle risque d'être mal interprétée.

La personne effectuant l'interprétation doit faire le tri entre les différentes lectures possibles, puis établir quelle interprétation est pertinente (c'est-à-dire correcte) pour le·la consultant·e. Cette décision est intuitive et peut être prise par le·la praticien·ne seul·e ou en accord avec le·la demandeur·euse. Il est important de savoir que les interprétations complètement justes ou erronées sont rares : elles ont simplement divers degrés de plausibilité.

La rose des vents et le zodiaque ont leurs propres mots-clés, tout comme les pierres et les cristaux. Quand vous commencez une interprétation, regroupez d'abord les mots-clés pertinents. Les deux plateaux vous indiqueront à quel domaine de la vie du·de la consultant·e appartient l'énergie ou le problème en question, et chacune des pierres expliquera quelle énergie ou quel problème est mis en évidence. Ne vous découragez pas si, dans un premier temps, vous avez du mal à associer les mots. Plus vous effectuerez d'interprétations, plus ce sera facile et plus vous serez capable d'intégrer des significations.

Quand vous utilisez la rose des vents ou le zodiaque, il est judicieux de conserver une trace écrite des questions posées. Cela vous aidera à rester concentré·e et vous incitera à poser des questions concises.

Les regroupements de pierres

Pour affiner l'interprétation des pierres, gardez à l'esprit certaines indications supplémentaires fournies par la position des pierres lancées au hasard. Les règles suivantes s'appliquent aux pierres lancées sur le zodiaque et sur la rose des vents.

Pierres tombant à côté du plateau

Les énergies symbolisées par ces pierres ne concernent pas le moment présent mais se manifesteront dans environ trois mois.

Pierres dans le même secteur et se touchant

Ces pierres sont liées, l'interprétation doit donc en tenir compte.

Pierres longues et fines

Cela indique une connexion entre les secteurs du plateau vers lesquels elles pointent.

Pierres posées sur les lignes séparant les directions ou les maisons

Ces pierres influenceront les deux secteurs touchés. Il faut donc considérer les deux.

Pierres tombant au centre ou touchant la pierre personnelle

Ces pierres sont étroitement liées au·à la consultant·e et représentent des caractéristiques très personnelles.

Groupes de pierres

Lorsque plusieurs pierres tombent au même endroit, la zone occupée est mise en valeur.

Pierres tombant au bord du plateau

Les énergies représentées se situent à la périphérie de la question et se manifesteront dans deux semaines environ.

Pierres au bord du cercle, en partie à l'intérieur

Ces influences se feront sentir la semaine prochaine.

Pierres se touchant bien que situées dans différents secteurs

Les deux secteurs sont considérés comme liés par l'intermédiaire des énergies dégagées par les pierres.

L'interprétation de la rose des vents

Pour les néophytes dans l'art de lancer les pierres et les cristaux, cette activité peut sembler troublante et l'interprétation mystérieuse. Il est donc conseillé d'interpréter les pierres dans l'ordre décrit ci-dessous, en commençant par le sud et en terminant par le sud-est. Quand vous serez familiarisé·e avec la rose des vents, puis avec les diverses interactions entre les directions et les pierres, vous serez sans doute à même d'élaborer votre propre séquence d'interprétation.

Référez-vous à la page précédente si les pierres tombent :

- hors du plateau ou en partie à l'intérieur ;
- sur les lignes séparant les directions ou les maisons ;
- en se touchant dans un même secteur ou dans des secteurs différents ;
- au centre du plateau ;
- en touchant votre pierre personnelle ;
- en pointant dans une direction particulière ;
- groupées.

Référez-vous également aux pages 52 à 129 consacrées à l'interprétation spécifique de chaque pierre jetée sur le plateau.

Le sud

Cette direction indique comment obtenir la reconnaissance. Pour les questions sentimentales, cherchez des pierres symbolisant la persévérance. Elles peuvent contribuer à faire évoluer une situation. Les pierres bleues indiquent qu'il faut laisser les choses se faire, tandis que celles de couleur rouge suggèrent un besoin de renouveau.

Mots-clés : chance, reconnaissance, honnêteté, départs.

Le sud-ouest

Les pierres qui tombent ici décrivent les différents aspects des relations. Les pierres roses correspondent à l'investissement du·de la consultant·e dans la relation et celles de couleur verte soulignent la qualité de la relation.

Mots-clés : relation, réceptivité, souplesse, compassion, possessivité.

L'ouest

Les pierres présentes sur cette partie de la rose des vents soulignent notre capacité à satisfaire nos besoins quotidiens. Cela peut s'appliquer aux personnes et aux relations qui nécessitent de l'attention. Les cristaux noirs, rouges ou transparents peuvent signifier que le·la consultant·e doit réexaminer ses priorités. Les pierres jaunes ou dorées indiquent la nécessité de développer des talents personnels.

Mots-clés : soin, besoins physiques, enfants, talents, plaisir.

Le nord-ouest

Cette direction se rapporte aux ami·es et à la communauté. Les pierres roses et violettes indiquent les domaines dans lesquels vos proches ont besoin d'aide. Les pierres bleues suggèrent au·à la consultant·e de prendre conseil auprès d'expert·es. Les disputes amicales peuvent aussi apparaître dans ce secteur, notamment en présence de pierres noires ou rouges. Toutes les pierres sont ici susceptibles de symboliser les voyages.

Mots-clés : service, conseiller, voyage, ami·es, désaccords.

Le nord

Le nord symbolise la capacité à prendre en compte les différents aspects d'un problème afin de parvenir au succès. Les pierres qui tombent dans ce secteur indiquent le fruit d'un dur labeur. Certaines pierres peuvent faire référence aux tendances personnelles susceptibles d'empêcher le succès si on n'y prête pas garde. Les pierres bleues et jaunes indiquent le besoin de partager des connaissances.

Mots-clés : carrière, sagesse, sécurité, faiblesse perçue, se laisser porter.

Le nord-est

Les pierres qui tombent à cet endroit soulignent ce qui est nécessaire à l'amélioration d'une situation, chacune montrant ce qui doit être fait. Celles qui sont de couleur jaune ou translucides indiquent par exemple qu'un surcroît d'informations est nécessaire. Les pierres qui tombent dans cette direction peuvent aussi aider à répondre aux questions concernant l'amour ou la maladie.

Mots-clés : éducation, calme, développement de soi, répit.

L'est

Tous les problèmes familiaux sont situés à cet endroit. Les pierres vertes et rouges indiquent le besoin de respecter l'espace d'autrui, tandis que les jaunes et les bleues montrent le besoin de communiquer. Les pierres rouges, noires et translucides se réfèrent aux questions requérant de l'attention. Enfin, les pierres violettes et roses suggèrent des soucis de santé.

Mots-clés : famille, relations, responsabilité, santé, limites personnelles.

Le sud-est

C'est la zone à observer si la question est relative à l'argent. Les pierres vertes et jaunes suggèrent l'obtention d'une prime même si la lecture générale semble négative. Ce qui est nécessaire pour se sentir comblé·e, qu'il s'agisse d'argent, de santé ou d'amour, est susceptible d'apparaître ici.

Mots-clés : santé, prospérité, harmonie.

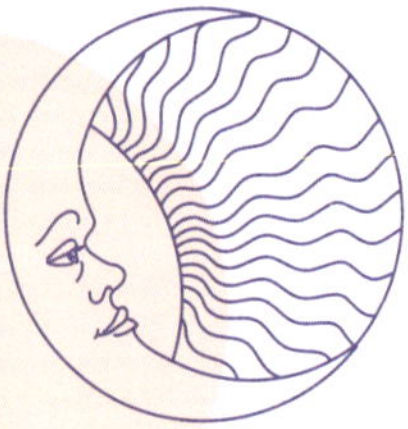

L'interprétation du zodiaque

Comme pour la rose des vents, les débutants ont intérêt à interpréter les pierres dans l'ordre qui apparaît ci-dessous, en commençant par la maison une et en terminant par la maison douze.

Lisez la page 45 pour la signification des pierres qui tombent :

- hors du plateau ou en partie à l'intérieur ;
- sur les lignes séparant les directions ou les maisons ;
- en se touchant dans un même secteur ou dans des secteurs différents ;
- au centre du plateau ;
- en touchant votre pierre personnelle ;
- en pointant dans une direction particulière ;
- groupées.

Référez-vous également aux pages 52 à 129 consacrées à l'interprétation spécifique des pierres lancées sur le plateau.

Maison une

Les pierres qui tombent dans ce secteur indiquent les premières impressions qu'inspire une situation. Toutes les considérations que le·la consultant·e doit examiner sont mises en évidence ici.

Mots-clés : apparences, individualité.

Maison deux

Les questions relatives à l'argent doivent être examinées de près. Les pierres rouges, noires ou translucides peuvent indiquer des changements nécessaires. Celles de couleur bleue et verte mettent l'accent sur la vérité et laissent entendre que les raisons d'agir ou l'honnêteté sont en cause.

Mots-clés : argent, valeurs, possessions.

Maison trois

Les pierres qui tombent ici sont liées à la communication. Leur signification est la suivante : les pierres translucides, jaunes ou dorées mettent en avant un besoin de clarification ; les rouges, noires et marron indiquent que la confusion engendre des difficultés ; les pierres vertes impliquent que des considérations familiales entrent en jeu. Toutes les pierres peuvent signaler ici des voyages.

Mots-clés : communication, famille, voyage, cancans.

Maison quatre

Les pierres tombant à cet endroit clarifient la situation considérée. Les problèmes touchant la vie du·de la consultant·e peuvent se manifester ici. Les pierres bleues suggèrent un besoin d'indépendance alors que les pierres rouges, orange ou dorées montrent que l'action est nécessaire.

Mots-clés : foyer, racines, famille, stabilité, protection.

Maison cinq

Toutes les pierres présentes dans ce secteur suggèrent qu'il faut développer les loisirs. Les pierres vertes et bleues laissent entendre qu'il faut passer davantage de temps à l'extérieur, les pierres roses et rouges sont signes d'aventure sentimentale, tandis que les pierres noires suggèrent des talents inconnus.

Mots-clés : créativité, romance, loisir.

Maison six

Cette maison concerne les problèmes liés à la santé et au travail. Les pierres blanches ou translucides indiquent qu'il faut se réadapter à la situation pour trouver une solution aux problèmes. Les pierres violettes soulignent les aspects thérapeutiques d'une question.

Mots-clés : travail, guérison, service, problèmes de santé, crises.

Maison sept

Les pierres situées dans cette zone mettent en lumière l'existence de problèmes liés aux relations à long terme. Les pierres vertes évoquent le besoin d'examiner l'équilibre des relations tandis que les noires, translucides ou rouges soulignent un changement de dynamique.

Mots-clés : relations, partenariat.

Maison huit

Elle met l'accent sur l'énergie psychique, en particulier si des pierres violettes, noires, bleues ou sombres s'y trouvent. La présence de plusieurs pierres indique qu'un événement est retardé. Si la question concerne l'argent, les pierres vertes ou dorées suggèrent la nécessité d'un choix.

Mots-clés : finances, fins, commencements, forces subtiles, émotions profondes.

Maison neuf

Ici, les énergies représentent un moyen d'élargir ses connaissances. La présence de plusieurs pierres montre que la vision du·de la consultant·e est trop étroite. Toutes les pierres de cette zone peuvent symboliser les voyages. Celles de couleur bleue et jaune attirent l'attention sur l'apprentissage.

Mots-clés : éducation, voyage, transmission, philosophie, expansion.

Maison dix

Ici, c'est l'apogée d'un élément : carrière, relation ou projet. Les pierres signalent les facteurs influents. Elles peuvent aussi indiquer comment le·la consultant·e souhaite être perçu·e par les autres. Les objectifs peuvent également apparaître dans ce secteur.

Mots-clés : carrière, ambition, statut, organisation.

Maison onze

L'influence des ami·es se manifeste à cet endroit. Les pierres bleues indiquent la nécessité de réévaluer la situation et d'établir les influences du·de la consultant·e. Les pierres roses montrent quant à elles le besoin de témoigner davantage de compassion.

Mots-clés : ami·es, vie sociale, groupes, idéaux.

Maison douze

Dans ce secteur, l'interprétation des pierres peut se révéler difficile. Celles de couleur rouge suggèrent le besoin d'action tandis que toutes les autres pierres indiquent les zones qui doivent être explorées dans la vie du·de la consultant·e. La plupart des éléments éclairés ici impliquent des domaines altérés en raison de croyances personnelles.

Mots-clés : introspection, silence, autodestruction.

LE RÉPERTOIRE DES PIERRES

Dans ce chapitre, trente-trois pierres et cristaux sont classés par couleurs, des plus claires aux plus foncées. Les significations qui leur sont attribuées proviennent de leurs caractéristiques physiques uniques, de leur utilisation historique, de leurs propriétés mythiques, ainsi que de leurs qualités thérapeutiques et spirituelles utiles pour la divination. Vous découvrirez également une interprétation de la position des pierres sur le zodiaque et sur la rose des vents pour vous aider à déterminer quelles énergies entrent en jeu.

Le cristal de roche

Cristal de roche est le nom communément donné au cristal translucide et clair. Cette pierre s'utilise depuis des centaines d'années à des fins thérapeutiques et prophétiques.

COULEUR	**incolore**
DURETÉ	**7**
PROPRIÉTÉS	**transparent, ordonné, calme**
CHAKRAS	**tous**

Le quartz transparent est la forme pure du dioxyde de silicium. Son réseau cristallin est dépourvu d'impuretés susceptibles de faire apparaître des couleurs et forme de longs cristaux hexagonaux qui se rencontrent en un point unique. Ceux-ci trouvent leur origine dans la roche volcanique où les solutions riches en silice refroidissent et se cristallisent à l'intérieur des cavités et des fissures. Le quartz, pierre difficile à émousser, se retrouve en raison de l'érosion dans les couches sédimentaires, le lit des fleuves et les fonds marins. La plupart des galets sont des variétés de quartz et le sable lui-même en est en grande partie constitué.

Histoire et mythe

Dans l'Antiquité, en Grèce, certain·es pensaient que le cristal transparent était de la glace tellement gelée qu'elle ne fondrait jamais – le terme *crystallos* signifiant « glace » en grec. D'autres peuples associaient le quartz aux mondes célestes.

Historiquement, le quartz servait d'outil de divination et de guérison dans le monde entier, notamment pour trouver la cause des maladies et éliminer les déséquilibres causés par les esprits. Le quartz transparent était l'un des matériaux privilégiés pour fabriquer les miroirs et les boules de cristal. Il était aussi écrasé pour former des lentilles et découpé pour composer des verres et des gobelets employés à des fins rituelles. Les crânes de cristal attribués aux civilisations antiques d'Amérique centrale ou du Sud figurent parmi les sculptures en quartz les plus célèbres.

Le cristal de quartz joue un rôle essentiel dans le développement des technologies modernes. On a par exemple extrait des tonnes de quartz brésilien pendant la Seconde Guerre mondiale pour les équipements de radiophonie. Il est également très utilisé pour fabriquer du matériel de précision, mais ce sont désormais des cristaux conçus en laboratoire qui sont employés pour cet usage.

Pistes d'interprétation

- **Cristal de roche au centre/en maison une**
  Soyez vous-même. Laissez apparaître vos véritables sentiments.
- **Cristal de roche au sud-est/en maison deux**
  Vous devez dissiper les doutes si vous voulez progresser.
- **Cristal de roche à l'est/en maison trois**
  Expliquez bien les choses. Répétez vos propos jusqu'à ce que vous soyez sûr·e que les autres aient compris.
- **Cristal de roche au nord/ en maison quatre**
  Vous ne pouvez plus ignorer les problèmes liés au foyer et à la famille.
- **Cristal de roche à l'ouest/en maison cinq**
  Ce n'est pas le moment de prendre des risques ou de jouer de l'argent. Tenez-vous-en à ce qui est sûr.
- **Cristal de roche en maison six**
  C'est le moment idéal pour résoudre des difficultés professionnelles.
- **Cristal de roche au sud-ouest/ en maison sept**
  Les faux-semblants n'ont pas de place dans vos relations ou partenariats.
- **Cristal de roche en maison huit**
  Les transactions financières requièrent honnêteté et transparence.
- **Cristal de roche au nord-est/ en maison neuf**
  Votre perception de la situation actuelle est particulièrement bonne, laissez-vous guider par elle.
- **Cristal de roche au sud/en maison dix**
  Vos projets doivent être clairs et soumis au regard d'autrui.
- **Cristal de roche au nord-ouest/ en maison onze**
  Un échange d'idées franc peut vous aider à clarifier des problèmes ou à dissiper des désaccords.
- **Cristal de roche en maison douze**
  N'œuvrez pas pour un programme caché qui obscurcit le problème.

Personnalité

Le cristal de roche correspond à une personne organisée, intelligente, ordonnée, à l'esprit calme et clair, et dotée d'une vision émotionnelle positive.

Énergie

Transparente, claire, cohérente.

Propriétés thérapeutiques et spirituelles

Le cristal de roche a un effet harmonisant sur toutes les parties du corps avec lequel il entre en contact. Il contribue à dissiper toutes les zones de déséquilibre et de négativité tout en apportant calme et clarté d'esprit, ce qui le rend utile dans les techniques de méditation et de thérapie.

Aussi, il tend à amplifier les effets des pierres situées à proximité ainsi que les fréquences énergétiques positives, rendant plus efficaces les énergies favorables à la vie et réduisant ou neutralisant les énergies chaotiques.

Interprétation divinatoire

Lors d'une séance de divination, le cristal de roche agit comme un centre de solidité et d'organisation, et apporte clarté et compréhension. Il permet de découvrir les informations nécessaires et veille à ce qu'aucune donnée ne soit cachée. Dans les zones où tombe le cristal, toutes les activités tendent à être productives et efficaces. Cette pierre est signe d'échec uniquement si le·la consultant·e prépare un subterfuge ou des opérations secrètes. Dans ce cas en effet tout deviendra évident et transparent pour toutes les parties concernées.

La sélénite

Le nom de ce cristal est inspiré de Séléné, la déesse grecque de la Lune, en raison de son faible éclat blanc.

COULEURS	**incolore, blanche ou grise**
DURETÉ	**2**
PROPRIÉTÉS	**expansive, déplace l'énergie**
CHAKRAS PRINCIPAUX	**couronne, sacré**

La sélénite est une variété translucide et précieuse de gypse, un minéral commun. Elle est constituée de longs cristaux en forme d'épées composés de couches de roche parallèles. Le gypse est extrêmement mou et s'érafle facilement. Il résulte de l'évaporation des lacs d'eau salée et des mers dans l'Antiquité.

Histoire et mythe

L'extrême délicatesse de la sélénite réduit considérablement ses utilisations. Cette pierre a une forte teneur en eau et l'exposition à la chaleur ou à des changements hygrométriques peut en courber les cristaux. Laissée trop longtemps dans l'eau, la sélénite se décompose facilement en feuillets.

On dit que le sculpteur grec Lysippe serait le premier à avoir employé le gypse comme matériau de moulage. Aujourd'hui, cette utilisation est courante et, dans ce cas, le gypse chauffé à environ 400 °C pour chasser l'eau se nomme plâtre de Paris. Au-delà de cette température, il permet notamment de fabriquer du ciment.

Pistes d'interprétation

- **Sélénite au centre/en maison une**
  Soyez souple et philosophe, car vous ne pouvez pas changer grand-chose à la situation.
- **Sélénite au sud-est/en maison deux**
  Essayer de vous conformer à une routine est probablement inutile en ce moment.
- **Sélénite à l'est/en maison trois**
  Les réactions des autres indiquent à quel point la situation est délicate en ce moment.
- **Sélénite au nord/en maison quatre**
  Vous risquez de vous apitoyer sur vous-même, mais cela passera.
- **Sélénite à l'ouest/en maison cinq**
  De la musique douce et des séances de relaxation dans un cadre agréable sont nécessaires.
- **Sélénite en maison six**
  Vous n'êtes sans doute pas au mieux de votre forme, il vous faut donc vous ménager.

- **Sélénite au sud-ouest/en maison sept**
  Ayez de la compassion pour vos proches. Écoutez-les mais ne réagissez pas.
- **Sélénite en maison huit**
  Les émotions d'autrui sont très liées ici, donc préparez-vous à des changements brusques.
- **Sélénite au nord-est/en maison neuf**
  La vie risque de ressembler à un tour de grand huit, alors laissez-vous aller sans résister.
- **Sélénite au sud/en maison dix**
  La situation actuelle est trop instable pour faire des projets.
- **Sélénite au nord-ouest/en maison onze**
  Durant les semaines à venir, les situations de groupe pourraient être très instables, alors faites attention à vos réactions.
- **Sélénite en maison douze**
  Gardez les pieds sur terre et ne cédez pas aux caprices et aux illusions.

Personnalité

Surveillez les personnes représentées par la sélénite. Elles paraissent séduisantes et amicales, mais peuvent se révéler en réalité instables et peu fiables.

Énergie

Fluctuante, faible.

Propriétés thérapeutiques et spirituelles

La sélénite est l'une des meilleures pierres pour déplacer rapidement l'énergie. Elle peut chasser l'énergie négative accumulée dans l'aura, éliminer les blocages et évacuer l'énergie stagnante du corps. La sélénite apporte souplesse, créativité et spiritualité. Elle peut avoir un effet relaxant.

Interprétation divinatoire

La présence de sélénite lors d'une séance de divination suggère que la situation est extrêmement délicate. Tout semble aller bien en apparence, mais en réalité la situation est instable. Cela ne signifie pas nécessairement que les choses vont empirer, mais qu'un changement s'annonce. La sélénite étant associée à la Lune et le cycle lunaire étant d'environ vingt-huit jours, ce changement se produira probablement un mois après la séance de divination. La zone occupée par la sélénite ou par d'autres pierres indiquera en quoi il consistera.

Lors d'une séance, la sélénite suggère des problèmes seulement si le·la consultant·e est peu disposé·e à affronter des changements dans le domaine auquel elle est associée. Quand la situation est bloquée ou difficile, la sélénite apporte un soulagement instantané en permettant aux énergies impliquées de circuler à nouveau. Lorsque la situation aura commencé à évoluer, toutes les personnes impliquées connaîtront un changement rapide.

Située dans un domaine personnel, la sélénite signifie que le·la consultant·e doit évoluer très prudemment, car il·elle est extrêmement vulnérable. Les émotions négatives comme la colère ou la peur doivent disparaître avant de précipiter des réactions inattendues et indésirables. En matière de partenariats, la sélénite peut indiquer le besoin de conserver des conditions ouvertes et sympathiques. Tout changement peut alors provoquer un excès de stress et induire une séparation.

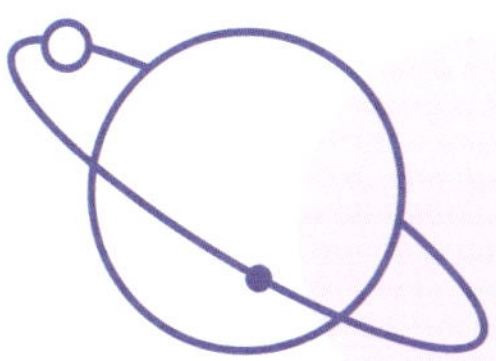

La labradorite

La labradorite est une pierre caméléon dont les couleurs vont du gris le plus terne à un chatoiement digne du paon.

COULEUR	**grise avec des chatoiements bleus, verts et orange**
DURETÉ	**6**
PROPRIÉTÉS	**camouflage, déplace l'énergie**
CHAKRAS	**tous**

La labradorite est une variété particulière de feldspath. De grandes parties de cette pierre sont exceptionnellement chatoyantes. Sa couleur est due à la réfraction de la lumière par les cristaux microscopiques de divers minéraux foncés, le plus souvent de l'hématite, de l'ilménite, de la magnétite ou de fins cristaux imbriqués. On trouve généralement cette pierre sous une forme massive. Les cristaux sont rares et de petite taille. La labradorite se développe dans des milieux ignés et métamorphiques.

Histoire et mythe

À la fin du XVIIIe siècle, des missionnaires explorant les rives du Labrador découvrirent des blocs de cet étrange minéral. Peu après son identification, on trouva de la labradorite en Finlande et en Ukraine, bien que le Labrador constitue la source essentielle de pierres précieuses de qualité. Sa beauté fit d'elle une pierre appréciée, notamment en matière de bijoux et d'ornements.

Pistes d'interprétation

- **Labradorite au centre/en maison une**
  Vous devez maintenir votre position et ne pas vous laisser influencer par la vision dominante.
- **Labradorite au sud-est/en maison deux**
  Cherchez des moyens d'éliminer de votre vie le superflu et les pressions inutiles.
- **Labradorite à l'est/en maison trois**
  Les choix doivent être fondés sur l'intuition plutôt que sur l'intellect.
- **Labradorite au nord/en maison quatre**
  Changez la disposition de vos meubles pour donner une impression d'espace et de lumière.
- **Labradorite à l'ouest/en maison cinq**
  Essayez de faire davantage de sport en plein air, dans un environnement naturel.

- **Labradorite en maison six**
  Ménagez-vous, surtout si vous êtes entouré·e de personnes exigeantes.
- **Labradorite au sud-ouest/en maison sept**
  Tirez le meilleur parti de vos relations et de vos partenariats.
- **Labradorite en maison huit**
  Délaissez le passé pour avancer.
- **Labradorite au nord-est/en maison neuf**
  Des opportunités inattendues risquent de changer votre conception de la situation.
- **Labradorite au sud/en maison dix**
  Les anciens projets et les idées éculées peuvent redevenir d'actualité et vous aider à prendre un nouveau départ.
- **Labradorite au nord-ouest/en maison onze**
  L'amitié est précieuse et s'entretient au quotidien. Montrez à vos ami·es que vous les appréciez.
- **Labradorite en maison douze**
  Des périodes de calme vous aideront à retrouver énergie et enthousiasme.

Personnalité

Ce cristal représente une personne apparemment ennuyeuse et terne qui, comme vous le découvrirez soudainement, a toujours mené, à votre insu, une vie beaucoup plus passionnante que la vôtre.

Énergie

Surprenante, inattendue, induisant des changements.

Propriétés thérapeutiques et spirituelles

La labradorite permet des changements de polarité complets. De même que différentes couleurs apparaissent à la surface de cette pierre, elle aide la personne à accéder à de nombreux niveaux de conscience et d'énergie. Cela en fait une pierre idéale pour découvrir de nouvelles solutions et révéler des opportunités inédites.

La faculté de la labradorite à initier des changements de fréquence rapides permet aux chakras de passer facilement d'une dimension à une autre. Elle aide à dénouer les blocages et contribue à établir de nouveaux schémas de comportement plus appropriés à la personne.

La labradorite est très utile pour protéger l'énergie, car ses couleurs changeantes empêchent les influences négatives de se fixer à un endroit précis. Elle épargne aussi les déperditions d'énergie.

Interprétation divinatoire

La labradorite indique la surprise, la transformation et la transmutation. Elle apporte un changement soudain permettant à une situation stagnante d'évoluer de manière positive. De nouvelles opportunités apparaissent et la vie devient passionnante.

Cette pierre apprend à ne jamais faire de suppositions. Dans le domaine des relations, la labradorite peut suggérer le besoin d'évaluer soigneusement la manière dont vous êtes entouré·e. Considérer la situation comme naturelle entraîne ennui et routine. Faites quelque chose d'inattendu et de généreux. Montrez à votre partenaire combien vous l'appréciez.

Si la labradorite se situe dans un secteur lié à la santé, elle peut signaler le besoin de contrôler les énergies personnelles. Si vous travaillez toute la journée entouré·e de nombreuses personnes, ou si vous exercez une profession stressante où les émotions s'expriment fortement, la labradorite peut signaler que votre énergie n'est pas suffisamment renouvelée et que, par conséquent, vous accumulez du stress.

La pierre de lune

La pierre de lune arbore un léger éclat blanc-bleuté qui rappelle la douce clarté de la Lune.

COULEURS	**blanc perle, bleue, jaune**
DURETÉ	**6/6,5**
PROPRIÉTÉS	**équilibrante émotionnellement, intuitive, calmante**
CHAKRAS PRINCIPAUX	**sacré, du plexus solaire**

Pierre de lune est le nom générique donné à plusieurs minéraux d'apparence proche. Toutes les pierres de lune appartiennent à la famille des feldspaths sodico-potassiques. Elles représentent les membres les plus purs de cette famille de minéraux.

Le feldspath constitue l'un des minéraux les plus communs de la planète. Sa structure affiche généralement des jeux de lumière particulièrement intéressants. Il se compose de couches parallèles reflétant la lumière qui pénètre à l'intérieur du cristal. Le léger chatoiement de la pierre de lune est unique.

Histoire et mythe

On trouve souvent de fins cristaux de pierre de lune quasi transparents dans le massif du Mont-Blanc. La pierre de lune porte également le nom d'adulaire. Cette appellation dérive du mont Adula, situé près de Saint-Gothard, en Suisse, où la découverte de pierres de lune est la plus fréquente. Cependant, les origines lointaines de cette pierre se trouvent en Inde, où les femmes la tiennent en haute estime depuis fort longtemps. Elle est en effet censée souligner les vertus féminines mais aussi contribuer à soulager les problèmes digestifs et à soigner l'infertilité des femmes.

Pistes d'interprétation

- **Pierre de lune au centre/en maison une**
  Vous devez vous montrer plus abordable et davantage réceptif·ive.
- **Pierre de lune au sud-est/en maison deux**
  Il faut apprendre à vous fier à votre instinct et à vous y tenir.
- **Pierre de lune à l'est/en maison trois**
  Vous avez beaucoup d'intuition, mais sachez garder vos observations pour vous.
- **Pierre de lune au nord/en maison quatre**
  Il existe des courants émotionnels au sein de votre famille. Avancez avec précaution.
- **Pierre de lune à l'ouest/en maison cinq**
  Passer du temps au bord de la mer ou à proximité d'un fleuve vous aiderait à calmer vos émotions.

- **Pierre de lune en maison six**
  Des problèmes de santé risquent d'affecter votre système digestif.
- **Pierre de lune au sud-ouest/en maison sept**
  Les relations sont obscurcies par les émotions du moment.
- **Pierre de lune en maison huit**
  Dans la vie, tout a un début et une fin. Apprenez à accepter cette réalité.
- **Pierre de lune au nord-est/en maison neuf**
  Prenez le temps d'assimiler les nouvelles informations avant de les diffuser ou d'agir.
- **Pierre de lune au sud/en maison dix**
  Ne précipitez rien. Attendez au moins trois jours avant d'agir.
- **Pierre de lune au nord-ouest/en maison onze**
  Écoutez vos ami·es et vos connaissances avant d'agir.
- **Pierre de lune en maison douze**
  Vous risquez d'être facilement influencé·e par les opinions ou les sentiments tranchés d'autrui.

Personnalité

La pierre de lune suggère une personne aux fortes valeurs féminines bien qu'il ne s'agisse pas nécessairement d'une femme.

Énergie

Équilibrée émotionnellement, intuitive, cyclique.

Propriétés thérapeutiques et spirituelles

La pierre de lune est l'une des principales pierres apportant stabilité et calme émotionnel, car elle a la faculté de libérer rapidement les tensions induites par le stress émotionnel. Ce stress affecte souvent le système digestif et dérègle le processus normal d'ingestion de la nourriture. La pierre de lune peut également soulager les migraines si leur cause est émotionnelle.

De même que la Lune est liée à l'eau, aux humeurs, aux cycles et à l'intuition, la pierre de lune favorise la fluidité et la souplesse de tous les systèmes corporels. Elle peut restaurer un équilibre fluide et apporter ses bienfaits aux cycles corporels déréglés par le stress et les chocs. Elle aide à soulager tous les problèmes liés à la circulation de l'énergie, notamment dans le système reproductif féminin. La pierre de lune permet également d'augmenter la créativité, l'intuition et l'empathie.

Interprétation divinatoire

La pierre de lune possède une énergie très féminine. Lors d'une séance de divination, elle représente une femme importante dans la vie du·de la consultant·e. Elle peut aussi représenter les qualités féminines d'empathie, d'écoute et de sensibilité.

Cette pierre montre que la situation exige un équilibre émotionnel. En effet, en s'accumulant, le stress peut créer une rigidité dans les relations qu'il faut assouplir. Quand la pierre de lune tombe dans un secteur lié à la santé, elle signale que le stress émotionnel peut être à l'origine de problèmes digestifs, de maux d'estomac ou de migraines.

Elle indique également que l'intuition est nécessaire. Ce n'est pas le moment d'agir avec véhémence. Observez, ressentez ce qui se passe en vous et à l'extérieur avant d'agir. La période correspond à l'association d'énergies créatives délicates. Mieux vaut donc faire preuve de patience.

Comme la Lune qui contrôle tant de cycles vitaux sur la planète, lors d'une divination la pierre de lune peut indiquer que le·la consultant·e devrait être conscient·e que tous les éléments obéissent à un cycle naturel de croissance. Il est inutile d'essayer de précipiter les choses : tout vient à temps.

Le quartz rose

Le quartz rose est considéré comme l'une des pierres les plus puissantes pour réguler les émotions.

COULEURS	**blanc, rose, pêche, violet-rose**
DURETÉ	**7**
PROPRIÉTÉS	**calmant, relâchement émotionnel**
CHAKRA PRINCIPAL	**du cœur**

Le quartz rose est une variété peu commune de quartz. Il se présente essentiellement sous une forme massive et microcristalline. Ce n'est que très récemment que l'on a trouvé des cristaux plus gros, dans certaines mines brésiliennes. Le quartz rose transparent et précieux est également rare. La plupart des spécimens sont marbrés. Le quartz rose est très cassant et comporte souvent de nombreuses fractures. En raison de sa grande valeur, il sert presque exclusivement à fabriquer des bijoux et des ornements. La couleur rose est probablement due aux oxydes de manganèse ou de titane.

Histoire et mythe

Le quartz rose était hautement apprécié à l'époque classique tant pour ses qualités décoratives que pour ses propriétés thérapeutiques. Les Romains importaient du quartz rose du Sri Lanka, d'Inde et même de Russie. Il subsiste de cette période des camées, des intailles et des chevalières.

Pistes d'interprétation

- **Quartz rose au centre/en maison une**
  Soyez aimant·e et soutenez vos proches.
- **Quartz rose au sud-est/en maison deux**
  Un manque de confiance en vous peut être à l'origine de la situation actuelle.

- **Quartz rose à l'est/en maison trois**
  Faites preuve de sensibilité quand vous vous adressez aux autres.
- **Quartz rose au nord/en maison quatre**
  Vous devez vous concentrer sur votre foyer pour en faire un lieu plus aimant et davantage bienveillant.
- **Quartz rose à l'ouest/en maison cinq**
  Attendez-vous à des périodes riches en émotions concernant les nouvelles relations et celles avec les enfants.
- **Quartz rose en maison six**
  Montrez-vous bienveillant·e avec vous-même. Le perfectionnisme et les critiques excessives causent stress et anxiété.
- **Quartz rose au sud-ouest/en maison sept**
  Acceptez vos proches tel·les qu'ils·elles sont.
- **Quartz rose en maison huit**
  Vous êtes sans doute hypersensible et les humeurs des autres vous fatiguent.
- **Quartz rose au nord-est/en maison neuf**
  Voir des ami·es plus souvent vous aiderait à avoir confiance en vous.
- **Quartz rose au sud/en maison dix**
  Montrez-vous gentil·le et ouvert·e mais surtout ferme dans vos relations avec les autres.
- **Quartz rose au nord-ouest/en maison onze**
  Un malentendu peut être à l'origine de problèmes avec vos ami·es. Respectez vos différences.
- **Quartz rose en maison douze**
  Examinez l'image que vous avez de vous-même. Peut-être verrez-vous que vous devez changer vos impressions négatives.

Personnalité

Le quartz rose représente une personne compatissante, faisant preuve d'empathie et de soutien envers autrui. L'expression des émotions est forte et directe, dénuée de manipulation et de plans secrets.

Énergie

Émotionnelle, aimante, sensible.

Propriétés thérapeutiques et spirituelles

Le quartz rose est une pierre efficace pour réduire l'agressivité. Il favorise la compréhension et augmente l'estime de soi. Il contribue également à neutraliser les dommages causés par une mauvaise image de soi et par l'accumulation de stress, qui peuvent tous deux empêcher une guérison efficace. Placées près du cœur, de grosses pierres de quartz rose peuvent rapidement soulager le stress et les traumatismes. Ce processus est parfois désagréable, il faut donc veiller à l'équilibrer avec des pierres calmantes et stabilisantes.

Interprétation divinatoire

Le quartz rose est la pierre des relations. Elle est associée aux ami·es, aux amant·es et aux domaines de la vie auxquels nous consacrons beaucoup d'énergie émotionnelle.

Il représente tous les sentiments qui nous soutiennent. L'endroit où tombe la pierre lors d'une séance indique les domaines où nous sommes les plus fort·es mais également les plus sensibles.

En position défavorable, le quartz rose peut signaler des failles dans l'image de soi et la confiance en soi. Il peut y avoir des problèmes d'agressivité ou des malentendus. En position favorable, la pierre confirme le soutien, le bien-être, l'amour et l'amitié.

Le lépidolite avec inclusion de rubellite

L'association de ces deux minéraux contribue à nous libérer des influences du passé.

COULEURS	**gris-rose, violet-gris**
DURETÉ	**2,5/4**
PROPRIÉTÉS	**honnête, indulgent**
CHAKRAS PRINCIPAUX	**couronne et du cœur**

La rubellite est une variété de tourmaline rouge qui apparaît généralement dans le même environnement que le lépidolite. Le lépidolite, ou phyllosilicate de lithium, est un mica qui se forme dans les profondeurs ignées du sol. Il est constitué de petites écailles grossières que l'on trouve souvent sous forme d'agrégats massifs aux teintes roses et violettes. Sa surface est très réfléchissante de sorte que, sous sa forme brute, la pierre rose brille et chatoie. Le lépidolite est la source du lithium, un métal précieux employé pour fabriquer des alliages et des batteries.

Histoire et mythe

Contenant un élément rare, le rubidium, le lépidolite permet d'effectuer des datations géologiques. Bien qu'assez fragile et mou, le lépidolite se porte essentiellement comme une pierre précieuse, travaillé ou poli en cabochon pour mettre en valeur sa couleur profonde et son éclat nacré.

La rubellite se développe quant à elle au sein du lépidolite sous forme de pans de minéral rouge ou rose au cœur de la roche. De même que les autres types de tourmaline colorés et transparents, la rubellite se taille depuis longtemps comme une pierre précieuse.

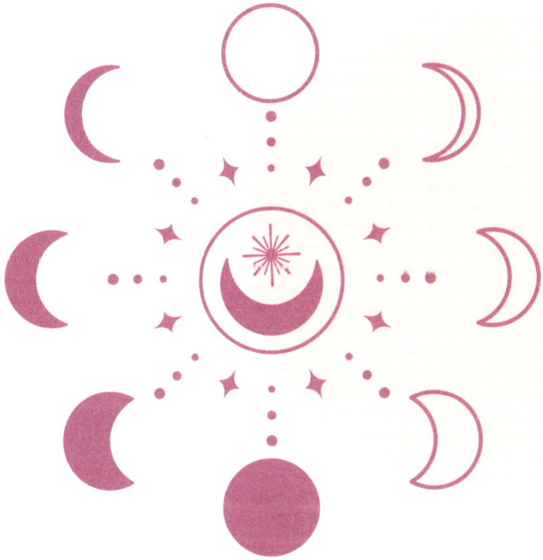

Pistes d'interprétation

- **Lépidolite au centre/en maison une**
  Vous avez besoin d'être vu·e pour être en paix avec vous-même.
- **Lépidolite au sud-est/en maison deux**
  Se juger trop sévèrement est préjudiciable. Accordez-vous les compliments que vous méritez.
- **Lépidolite à l'est/en maison trois**
  Ignorez les bavardages ou les commérages à votre sujet ou concernant vos proches.
- **Lépidolite au nord/en maison quatre**
  Vous devez faire émerger les problèmes émotionnels au sein de votre famille.
- **Lépidolite à l'ouest/en maison cinq**
  Vous attirerez amour et attention à condition de penser que vous le méritez.
- **Lépidolite en maison six**
  Détendez-vous pour récupérer.
- **Lépidolite au sud-ouest/en maison sept**
  Il est temps de mettre fin aux désaccords ou aux disputes avec vos proches.
- **Lépidolite en maison huit**
  Chassez ou libérez le ressentiment lié à d'anciennes blessures.
- **Lépidolite au nord-est/en maison neuf**
  N'accusez pas les autres des opportunités ratées.
- **Lépidolite au sud/en maison dix**
  Soyez conscient·e que vos efforts pour atteindre vos objectifs ont peut-être irrité les autres.
- **Lépidolite au nord-ouest/en maison onze**
  Ne laissez pas les autres vous ignorer : faites-vous remarquer !
- **Lépidolite en maison douze**
  Si vous avez l'impression d'être une victime, trouvez une solution différente.

Personnalité

Le lépidolite avec inclusion de rubellite peut indiquer une personne emprisonnée dans le passé, incapable d'oublier un événement qui s'est produit, positif ou traumatisant. Mais elle peut aussi représenter quelqu'un s'intéressant au passé et au temps qui s'écoule.

Énergie

Apaisante, conciliante.

Propriétés thérapeutiques et spirituelles

La rubellite équilibre finement le chakra du cœur, stabilise et dynamise les émotions. Les variétés les plus pâles sont calmantes tandis que les plus foncées sont stimulantes. La rubellite chasse l'agressivité et permet de mieux s'affirmer. Les pierres roses contribuent à équilibrer les aspects créatifs du chakra sacré.

Le lépidolite est connu pour sa capacité à réduire le stress et à apaiser les émotions. Ses teintes roses et violettes produisent le même effet calmant que l'association d'améthyste et de quartz rose. Il renforce l'estime de soi, puis favorise une communication libre et honnête, entre autres parce qu'il disperse les contrariétés et les soucis tout en nous donnant du courage pour prendre des décisions dans des situations délicates.

Le lépidolite avec inclusion de rubellite est idéal pour libérer l'aura et le cœur des flux et reflux émotionnels.

Interprétation divinatoire

Le lépidolite avec inclusion de rubellite montre l'influence du passé sur les événements présents. Dans un environnement positif, il indique que le·la consultant·e recueille les fruits de ses bonnes actions. La détente est bien méritée après un long processus de créativité, et le·la consultant·e doit en apprécier le résultat.

Lorsque le lépidolite avec inclusion de rubellite est entouré d'énergies plus complexes, cela peut suggérer soit que le·la consultant·e éprouve de la honte ou de la culpabilité en lien avec un événement réel ou imaginaire, soit que ceux·celles considérant que le·la consultant·e est coupable se montrent négatif·ives à son égard.

Le lépidolite avec inclusion de rubellite peut aussi faire référence à des querelles, de la rancune et du ressentiment extrêmement anciens qui altèrent les relations. Ce mélange de pierres nous apprend que l'acceptation et le pardon, de même que la polarité négative du reproche et du ressentiment, viennent de l'ego. Ces émotions sont simplement le reflet de nos problèmes avec le monde. Si nous faisons en sorte de nous libérer des blessures, le processus de réconciliation commencera spontanément.

Le grenat

Le grenat est capable d'enflammer tout ce qui entre en contact avec sa nature fougueuse.

COULEURS	**rouge, marron, orange, vert**
DURETÉ	**6,5/7,5**
PROPRIÉTÉS	**honnête, indulgent**
CHAKRA PRINCIPAL	**racine**

Le grenat se forme à très haute température à partir d'un mélange complexe de minéraux aux compositions similaires. Ce mode de formation explique la large gamme de couleurs du grenat, plus étendue que celle des autres pierres, bien que les variétés rouges soient les plus connues et les plus recherchées. On le trouve souvent sous forme d'amas inclus dans la roche ou de gros granules. Il est représenté comme une balle grossière et comporte de nombreuses facettes. Dense, le grenat se casse facilement mais ses bords aigus en font un matériau abrasif idéal.

Histoire et mythe

Dans Le *Livre des ailes*, un texte mystique du XIIIe siècle, Ragiel écrit : « Gravée sur un grenat, l'image bien formée d'un lion protège, préserve la santé, évite les diarrhées, soigne les malades et les protège contre tous les périls liés aux voyages. » Le terme grenat dérive probablement de l'expression latine *malum granatum* signifiant « grenade » associée par similitude de sens aux graines d'écarlate utilisées pour les teintures.

Pistes d'interprétation

- **Grenat au centre/en maison une**
  L'action est nécessaire maintenant, tant que l'énergie est encore disponible.
- **Grenat au sud-est/en maison deux**
  Ce n'est pas le moment idéal pour prendre des décisions concernant des projets à long terme. Patientez.

- **Grenat à l'est/en maison trois**
La tentation de réagir rapidement risque d'aggraver la situation.
- **Grenat au nord/en maison quatre**
Ne laissez aucune situation s'envenimer au sein de votre foyer. Réglez les choses rapidement.
- **Grenat à l'ouest/en maison cinq**
Faites preuve de philosophie envers les relations ou les idées éphémères qui risquent de ne déboucher sur rien.
- **Grenat en maison six**
Vous devez aborder les choses avec davantage d'énergie et d'enthousiasme. Vous risquez d'être sujet·te à de légers maux.
- **Grenat au sud-ouest/en maison sept**
Les partenariats risquent de vous irriter. Tâchez d'ignorer ce point même si cela vous agace.
- **Grenat en maison huit**
Votre colère ou celle d'autrui pourrait temporairement détourner votre attention.
- **Grenat au nord-est/en maison neuf**
Commencez à explorer de nouvelles possibilités ou de nouveaux horizons.
- **Grenat au sud/en maison dix**
Vous devez faire preuve d'audace et faire évoluer rapidement la situation pour obtenir ce que vous désirez.
- **Grenat au nord-ouest/en maison onze**
Prenez le risque de lier une nouvelle amitié ou d'effectuer de nouvelles activités collectives pour vous distraire.
- **Grenat en maison douze**
Examinez de près vos habitudes si vous êtes sujet·te à de petits accidents ou à des éclats de colère.

Personnalité

Le grenat représente une personne obsessionnelle, active et un peu impatiente. Branchée sur 100 000 volts, celle-ci fera toujours sensation où qu'elle aille. Elle est tantôt positive, tantôt négative, mais jamais subtile.

Énergie

Active, énergique, concentrée.

Propriétés thérapeutiques et spirituelles

La couleur particulière du grenat détermine son effet exact, mais cette pierre développe toujours la concentration et l'action. Les grenats rouges sont les meilleures pierres pour donner de l'énergie au corps, accélérant tous les processus et amplifiant l'effet des pierres situées à proximité. Tous les grenats sont utiles pour amorcer des événements bien qu'il soit parfois préférable de laisser d'autres pierres poursuivre le travail. On lui reconnaît toutefois la vertu de développer la confiance en soi ainsi que la persévérance.

Interprétation divinatoire

Le grenat est énergisant et motivant. Son énergie est capable de revitaliser toutes les situations ternes et stagnantes. Il a tendance à amplifier le pouvoir – positif aussi bien que négatif – des autres pierres, selon la manière dont elles sont lancées. Sur un plan positif, le grenat stimule et active. Sur un plan négatif, il irrite et importune. Lorsqu'il indique la passion, ce n'est pas nécessairement une passion durable. Il peut être signe de colère explosive mais vite évanouie, et suggère parfois de nouvelles idées créatives qui n'aboutissent pas si elles ne sont pas contrebalancées par d'autres qualités plus stables. Tel le feu, le grenat peut favoriser la vie et la vivacité, ou engendrer souffrances et brûlures.

Le jaspe rouge

D'une grande variété de couleurs et de formes, le jaspe représente l'énergie pratique et constante de la Terre.

COULEUR	**rouge mêlé d'autres couleurs**
DURETÉ	**7**
PROPRIÉTÉS	**énergisant, sens pratique**
CHAKRA PRINCIPAL	**racine**

Le jaspe rouge se forme dans les veines et les blocs de quartz contenant de l'hématite, qui lui donne sa couleur rouge brique caractéristique. Cette pierre est une variété de quartz microcristallin opaque. Les variations de couleurs et de formes au sein de chaque pierre sont la plupart du temps dues à des périodes de recristallisation où la roche a été fracturée puis réaménagée, généralement avec des inclusions d'autres quartz. Étant donné que leur structure comporte de minuscules pores, le jaspe et les autres quartz prennent facilement la couleur de la roche avoisinante.

Histoire et mythe

La signification du mot jaspe est inconnue, mais celui-ci vient sans doute du nom assyrien de la pierre, *ashpu*. Le jaspe est souvent mentionné dans la Bible et est répertorié comme l'une des fondations de la cité céleste décrite dans la vision de Jean, dans le livre de l'Apocalypse.

Dans l'Antiquité et au Moyen Âge, le jaspe servait à fabriquer toutes sortes d'ornements ainsi que des amulettes. L'attrait pour cette pierre était lié au fait que chaque spécimen possède une couleur et des marques uniques, distinctives. Cependant, on la trouvait en quantités suffisamment importantes pour sculpter des vases, des tables ou encore les dalles des palais et des églises. Le jaspe était aussi populaire autrefois car considéré comme efficace pour se prémunir des morsures de serpents et d'autres animaux venimeux, ainsi que pour contrer les effets du poison.

Pistes d'interprétation

- **Jaspe rouge au centre/en maison une**
Gardez les pieds sur terre quelle que soit la situation autour de vous.
- **Jaspe rouge au sud-est/en maison deux**
Ayez davantage de considération pour vos talents et exploitez-les le mieux possible.
- **Jaspe rouge à l'est/en maison trois**
Soyez honnête dans vos communications.
- **Jaspe rouge au nord/en maison quatre**
Prenez le temps de terminer les tâches quotidiennes du foyer.
- **Jaspe rouge à l'ouest/en maison cinq**
Profitez pleinement de vos loisirs pour développer les compétences nécessaires à vos efforts futurs.
- **Jaspe rouge en maison six**
Attelez-vous à la tâche actuelle. Ne vous posez pas de questions, allez-y.
- **Jaspe rouge au sud-ouest/en maison sept**
Les relations peuvent exiger davantage d'efforts que prévu. N'idéalisez pas vos partenaires.
- **Jaspe rouge en maison huit**
Votre argent travaille pour vous. Assurez-vous de ne pas en perdre à cause d'une gestion peu scrupuleuse.
- **Jaspe rouge au nord-est/en maison neuf**
Étudiez les matières que vous souhaitez. Mettez en pratique vos connaissances.
- **Jaspe rouge au sud/en maison dix**
Considérez l'aspect pratique de vos projets pour voir s'ils sont réalistes.
- **Jaspe rouge au nord-ouest/en maison onze**
Montrez-vous honnête avec vos ami·es. Vous en récolterez les fruits.
- **Jaspe rouge en maison douze**
Ne vous fixez pas d'objectifs inatteignables. Tenez-vous-en à ce que vous connaissez.

Personnalité

La personne correspondant au jaspe est terre à terre et directe, sans être simple à définir pour autant. Elle accomplit très bien des choses utiles et ne s'intéresse ni aux rêves éthérés ni aux élans d'imagination.

Énergie

Concrète, habile, pratique.

Propriétés thérapeutiques et spirituelles

Le jaspe est concret, solide et fiable. Il concentre l'énergie au niveau du chakra racine de manière à ancrer légèrement la personne. Il encourage le sens pratique et le réalisme. Avec de multiples couleurs et formes, le jaspe peut aussi contribuer à stimuler les facultés psychiques, les rêves et les dons de voyance, bien que son atout principal soit la réparation et le renforcement de la structure physique du corps.

Interprétation divinatoire

Quel que soit le domaine où il apparaît lors de la séance, le jaspe indique le besoin de se concentrer sur des résultats visibles et concrets. Faites ce qui est nécessaire, ne perdez pas votre temps et votre énergie en stratégies élaborées et en plans compliqués. Le jaspe est une pierre opaque et tout ce qui se reflète sur sa surface est donc fidèle à la réalité. Rien ne vous est dissimulé. Les actions sournoises commises par les autres ne donneront rien si vous agissez honnêtement et ouvertement. Le jaspe fournira toujours assez de sens pratique pour remplir des objectifs, en particulier de nature physique ou matérielle.

La rhodonite

La profonde coloration rose saumoné de la rhodonite en a fait un matériau de sculpture populaire.

COULEURS	**rose, rose foncé avec des veines noires ou marron**
DURETÉ	**5,5/6,5**
PROPRIÉTÉS	**responsable, concrète, compatissante**
CHAKRA PRINCIPAL	**du cœur**

La rhodonite se forme dans les roches métamorphiques, tel le marbre qui contient beaucoup de manganèse. Elle se présente principalement sous une forme massive aux grains unis qui la rendent idéale comme matériau de sculpture – au même titre que sa couleur. Les cristaux sont rares et en forme de plateau. La rhodonite est caractérisée par des veines sombres d'oxydes de manganèse, qui en accroissent la valeur. Elle est le plus souvent translucide mais il existe des formes claires.

Histoire et mythe

Identifiée seulement en 1819, la rhodonite tire son nom du mot grec *rhodon* signifiant « rose ». Les cristaux de qualité viennent du Brésil, de Finlande, du Japon et du Mexique. Le minéral est fréquemment utilisé dans la conception de figures ornementales et d'imposants objets d'art. La rhodonite sert aussi à vernisser les céramiques et à créer des pigments.

Pistes d'interprétation

- **Rhodonite au centre/en maison une**
  Montrez aux autres que vous avez tiré les leçons du passé.
- **Rhodonite au sud-est/en maison deux**
  Gérez mieux vos ressources personnelles pour plus de sécurité.
- **Rhodonite à l'est/en maison trois**
  Vous devrez peut-être modérer vos sentiments pour expliquer aux autres ce qui pose problème.
- **Rhodonite au nord/en maison quatre**
  Cherchez les schémas émotionnels récurrents et prenez des mesures pour les gérer.
- **Rhodonite à l'ouest/en maison cinq**
  Accordez-vous un luxe que vous avez rarement la possibilité de vous offrir.
- **Rhodonite en maison six**
  Des problèmes de santé importants nécessitent une approche

complémentaire. Essayez le shiatsu, la lithothérapie ou l'acupuncture.

- **Rhodonite au sud-ouest/en maison sept**
Il est essentiel d'examiner et de comprendre la vulnérabilité émotionnelle des relations intimes.
- **Rhodonite en maison huit**
Prenez le temps de soutenir ceux·celles qui ont des difficultés si vous pouvez leur proposer des solutions pratiques.
- **Rhodonite au nord-est/en maison neuf**
Abordez avec enthousiasme les idées ou les projets nouveaux, mais restez concentré·e sur les questions pratiques.
- **Rhodonite au sud/en maison dix**
Soyez satisfait·e de ce que vous avez réussi à obtenir.
- **Rhodonite au nord-ouest/en maison onze**
Aidez les autres à se sentir sûr·es d'eux·elles et de leurs talents.
- **Rhodonite en maison douze**
Montrez-vous ouvert·e aux problèmes d'autrui mais sans vous impliquer émotionnellement.

Personnalité

Ce cristal caractérise une personne très enracinée dans le réel, passionnée et terre à terre, ou quelqu'un manquant d'assurance ou de confiance en soi.

Énergie

Pratique, motivée, peu sûre d'elle.

Propriétés thérapeutiques et spirituelles

La couleur de la rhodonite contribue à équilibrer le chakra du cœur, assurant une approche réaliste et pratique des émotions ainsi que des réactions émotionnelles. Le rose plus foncé au milieu du cristal apporte une énergie stabilisatrice et d'enracinement permettant de calmer les états négatifs tels que la confusion et l'anxiété. Les tons magenta stimulent la confiance en soi de même que la motivation.

La rhodonite est également censée aider ceux·celles qui travaillent avec les mantras et les qualités subtiles du son, car elle affine la sensibilité du·de la praticien·ne.

Interprétation divinatoire

La rhodonite indique que le·la consultant·e doit faire preuve d'esprit pratique avant de prendre toute décision émotionnelle.

Concentrez-vous sur le moment présent et sur ce qu'il est possible et sûr d'obtenir. Un manque d'esprit pratique à ce stade ne ferait qu'ajouter à la confusion et à l'anxiété.

Si la position est positive, la rhodonite montre que les relations ont des fondements solides et qu'elles reposent sur une compréhension et une appréciation mutuelles. Lorsqu'elle apparaît dans un secteur directement lié au·à la consultant·e, ce·cette dernier·ère doit régler des problèmes d'estime et de confiance en soi. Il peut y avoir un manque d'amour-propre ou, au contraire, un excès de confiance en soi. Ces deux extrêmes poseront des problèmes pour agir de manière appropriée dans la situation considérée. Dans les deux cas, il est possible d'atteindre l'équilibre grâce à l'identification et à l'élimination du bagage émotionnel passé qui influence les relations présentes. Pour ce faire, assurez-vous que des schémas répétitifs n'apparaissent pas dans vos relations. Les mêmes scénarios se répètent ? Si le fait de briser ce cycle laisse libre cours à l'inattendu, c'est le seul moyen de se sortir d'un schéma négatif.

La cornaline

Pierre légèrement thérapeutique, la cornaline diffuse une chaleur à la fois puissante et apaisante.

COULEUR	**rouge orangé**
DURETÉ	**7**
PROPRIÉTÉS	**apaisante, créative, curative**
CHAKRA PRINCIPAL	**sacré**

La cornaline est une variété de quartz connue sous le nom de calcédoine. Elle ne se forme pas comme les cristaux de roche, mais en couches très serrées ou en agrégats arrondis composés de fibres très fines. Ce sont les pores entre ces fibres qui permettent à la calcédoine d'arborer une si grande variété de couleurs. Presque toutes ces variétés portent des noms distincts (la cornaline, le jaspe, la chrysoprase…) et la plupart sont utilisées à des fins décoratives depuis très longtemps.

La calcédoine se cristallise à l'intérieur de poches rocheuses remplies de gel riche en silice. Elle se forme aussi à partir de l'érosion d'autres minéraux, telle la serpentine.

Histoire et mythe

La cornaline que l'on trouve en Inde, en Arabie et en Égypte était très prisée dans l'Antiquité en sa qualité de pierre précieuse, en particulier la variété orange appelée sardoine. Elle servait à tailler les cylindres babyloniens primitifs employés pour enregistrer toutes sortes d'informations d'ordre commercial, juridique… et à fabriquer les sceaux tant personnels qu'officiels. Dans l'Égypte ancienne, la cornaline était la pierre par excellence pour fabriquer des amulettes sur lesquelles étaient sculptés des extraits du *Livre des morts*. En Grèce et dans la Rome classique, la cornaline était l'un des matériaux les plus populaires pour sculpter des amulettes magiques.

Aujourd'hui, la plus fine, de couleur rouge orangé, vient des environs de Bombay, en Inde.

Pistes d'interprétation

- **Cornaline au centre/en maison une**
  Prenez les événements comme ils viennent. Ne laissez rien vous déboussoler ou vous contrarier.
- **Cornaline au sud-est/en maison deux**
  C'est le moment de traiter les douleurs anciennes venant de refaire surface.
- **Cornaline à l'est/en maison trois**
  Veillez à être parfaitement compris·e.

- **Cornaline au nord/en maison quatre**
Prenez le temps de vous détendre chez vous ou loin de la foule.
- **Cornaline à l'ouest/en maison cinq**
Prenez le temps d'apprécier le fait d'être vivant·e, loin des pressions du monde.
- **Cornaline en maison six**
Si vous souffrez de problèmes de santé, vous tirerez sans doute profit d'une visite chez un·e guérisseur·euse.
- **Cornaline au sud-ouest/en maison sept**
Assurez-vous que la communication est bonne de sorte que les mots durs ou les actions en partenariat soient clarifiés et compris.
- **Cornaline en maison huit**
Si des soucis financiers ou émotionnels vous empêchent d'avancer, libérez-vous-en !
- **Cornaline au nord-est/en maison neuf**
Partager vos expériences aidera les autres à surmonter des problèmes passés.
- **Cornaline au sud/en maison dix**
La créativité et le sens de l'adaptation sont nécessaires au succès.
- **Cornaline au nord-ouest/en maison onze**
Raviver des amitiés récemment malmenées sera bénéfique aux personnes concernées.
- **Cornaline en maison douze**
Pensez à vos exigences personnelles et cherchez des moyens de répondre à vos besoins.

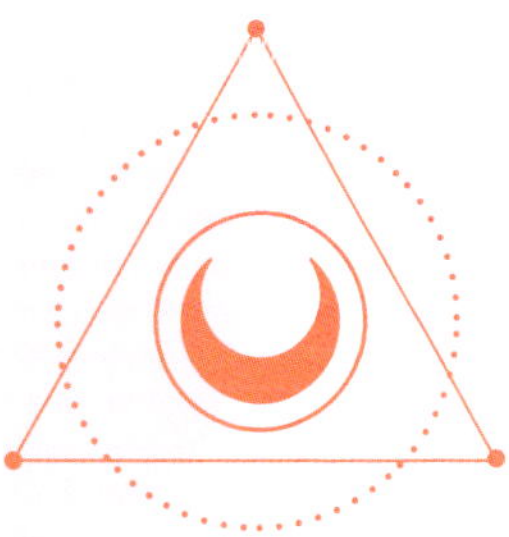

Personnalité

La cornaline représente une personne chaleureuse, sympathique, attentionnée et compatissante qui a une grande expérience de la vie. Cette personne est également créative, sensuelle et sensible.

Énergie

Créative, compatissante, curative.

Propriétés thérapeutiques et spirituelles

En sa qualité de pierre curative, la cornaline est légèrement chauffante et stimulante. Elle assiste les facultés d'autoguérison du corps, en partie parce qu'elle apporte de l'énergie au chakra sacré où le stress et les traumatismes ont tendance à se loger. La cornaline contribue à chasser doucement les déséquilibres, même s'ils sont présents depuis des années. La couleur orange est la plus adaptée en cas de choc, d'accident ou de maladie. La cornaline peut aider à restaurer un flux d'énergie correct en cas de raideurs ou d'inflammation.

Interprétation divinatoire

En position favorable, la cornaline est révélatrice d'une grande quantité d'énergie créative. Cette pierre évoque l'amour de la vie, le bonheur et l'harmonie avec les proches. Elle représente également l'énergie du mouvement ainsi que la souplesse qui se traduit ici par la capacité à se laisser « porter par le flot ». Elle montre que vous devez travailler avec ce qui se présente à vous plutôt que de foncer vers un objectif éloigné. Cette pierre favorise le succès et l'influx d'énergies positives.

Dans une position difficile, la cornaline peut signaler qu'il faut encourager la souplesse ou que vous risquez de souffrir des aspects négatifs de cette pierre, à savoir le stress, la maladie, l'inertie et l'incapacité à progresser. Les blessures anciennes et la souffrance intense doivent aussi requérir votre attention avant d'engendrer d'autres problèmes.

La pyrite

La pyrite ou pyrite de fer est communément appelée or des fous. Pour ceux·celles qui connaissent ses secrets, elle peut indiquer où trouver de l'or véritable.

COULEUR	**jaune métallique**
DURETÉ	**6,5**
PROPRIÉTÉS	**purifiante, nettoyante**
CHAKRA PRINCIPAL	**du plexus solaire**

La pyrite se forme quand de l'eau entre en contact avec des roches extrêmement chaudes. Elle se présente généralement sous une forme massive ou granuleuse, voire en petits cristaux étonnamment cubiques. La pyrite dégage de l'acide sulfurique en se décomposant, propriété qui est exploitée par l'industrie. On l'emploie également dans les peintures et les vernis. On trouve parfois des fragments de cuivre et d'or au sein de la pyrite.

Histoire et mythe

Le nom de cette pierre vient du mot grec *pyr* signifiant « le feu ». Lorsqu'elle est brisée ou frottée, la pyrite fait des étincelles. On s'en servait dans l'Antiquité pour faire du feu. C'est donc l'ancêtre des allumettes enduites de soufre. Brillante comme le Soleil et permettant d'allumer du feu, la pyrite doit avoir constitué un puissant outil spirituel. La vision du feu (esprit de protection et de chaleur très important) à l'intérieur d'une pierre a très certainement fait grande impression sur nos ancêtres.

Dans de nombreuses civilisations antiques, la pyrite servait d'amulette curative car elle était censée éviter le « pourrissement du sang ». En Amérique centrale et du Sud, les Aztèques et les Incas taillaient et polissaient des blocs de pyrite pour former des miroirs convexes placés, pour la plupart, à l'intérieur des tombeaux.

Pistes d'interprétation

- **Pyrite au centre/en maison une**
  Votre image auprès des autres n'est sans doute pas celle que vous espérez donner.
- **Pyrite au sud-est/en maison deux**
  Il est temps de vous faire plaisir pour réduire la pression actuelle.
- **Pyrite à l'est/en maison trois**
  Les autres pourraient se méprendre sur vos intentions, soyez donc prudent·e.

- **Pyrite au nord/en maison quatre**
Envisagez un bon nettoyage de printemps ou un grand rangement, chez vous ou dans tout autre espace personnel.
- **Pyrite à l'ouest/en maison cinq**
Prenez le temps de vous évader dans les mondes imaginaires que vous avez créés.
- **Pyrite en maison six**
Envisagez de demander conseil en matière de santé ou de travail.
- **Pyrite au sud-ouest/en maison sept**
Débarrassez-vous des parasites de toutes sortes, tant physiques que mentaux, pour éclaircir les problèmes actuels.
- **Pyrite en maison huit**
Soyez prudent·e dans les opérations financières. Prêtez l'oreille aux conseils.
- **Pyrite au nord-est/en maison neuf**
Fiez-vous à votre expérience plutôt qu'à ceux·celles qui voudraient vous impressionner avec leurs connaissances et leur expertise.
- **Pyrite au sud/en maison dix**
Réexaminez les différentes tâches que vous effectuez en ce moment et mettez fin à celles qui ne vous apportent rien.
- **Pyrite au nord-ouest/en maison onze**
Vos ami·es ont besoin de votre compassion et de votre compréhension.
- **Pyrite en maison douze**
Prenez le temps de réfléchir à tout ce qui se passe en ce moment.

Personnalité

La personne caractérisée par la pyrite est généralement difficile à cerner. Elle peut être vantarde ou tout simplement rêveuse.

Énergie

Souple, intégrée, conciliante.

Propriétés thérapeutiques et spirituelles

La pyrite associe le fer et le soufre, deux éléments importants pour la santé du corps. Le fer est une composante essentielle du sang, sans lequel l'absorption de l'oxygène par les cellules serait impossible. Le soufre entre quant à lui dans la composition des acides aminés et des protéines. L'odeur des cheveux brûlés est d'ailleurs essentiellement soufrée.

La pyrite contribue également à réguler le système digestif. Grâce à une action légèrement purgative, elle a une action détoxifiante qui contribue à protéger de la pollution et des formes d'énergie négative. L'anxiété, la frustration et la dépression peuvent être soulagées grâce à la pyrite.

Interprétation divinatoire

La surface brillante, comparable à un miroir, de la pyrite révèle ce qui l'entoure mais peut aussi être trompeuse. Ce qui semble constitué d'or peut en effet s'avérer totalement différent. Ainsi, quand la pyrite est présente lors d'une séance de prédiction, méfiez-vous. La situation n'est pas du tout conforme aux apparences, bien que cette illusion ne soit peut-être ni délibérée ni malveillante.

La nature de certains éléments est de refléter ce qui les entoure. Nos réactions à ce qu'ils renvoient nous en apprennent souvent davantage sur nous-mêmes que le miroir. La présence de pyrite lors d'une séance doit nous amener à nous demander ce que nous trouvons désagréable dans le reflet. La pyrite indique comment agir en toute conscience plutôt que simplement réagir à ce qui nous arrive. Dans une position favorable, elle peut faire éclore l'inspiration ou une soudaine clarté d'esprit. Mais il faut là aussi examiner les véritables significations et valeurs de cette étincelle.

L'œil-de-tigre

L'œil-de-tigre est une pierre remarquable dans laquelle se côtoient avec élégance différentes couleurs. Il s'agit d'une variété de quartz dont les veines initiales d'amiante ou de crocidolite sont remplacées par des bandes de quartz parallèles.

COULEURS	**jaune à marron avec parfois des bandes rouges et bleues**
DURETÉ	**7**
PROPRIÉTÉS	**enracinement, donne confiance en soi**
CHAKRAS PRINCIPAUX	**racine, sacré, du plexus solaire**

L'œil-de-tigre contient des dégradés variés de jaune et de brun doré, traversés par des veines soyeuses et parallèles auxquelles les reflets de lumière procurent un éclat merveilleux. Les inclusions de fer donnent à la pierre des teintes jaunes ou orange qui, au contact de la chaleur, prennent la couleur rouge de l'hématite.

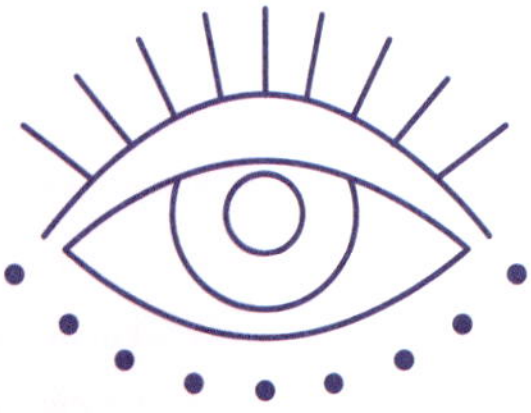

Histoire et mythe

L'œil-de-tigre est une pierre généralement taillée en cabochon, dôme lisse et arrondi qui rehausse son éclat naturel. On le trouvait à l'origine en Inde et en Birmanie. Aujourd'hui, il y en a également beaucoup en Afrique du Sud et en Australie.

Il existe une variété d'œil-de-tigre bleue appelée œil-d'aigle ou œil-de-faucon, dont les veines de quartz contiennent moins de fer. Dans la variété précieuse nommée œil-de-chat, la lumière reflète les minuscules veines situées à l'intérieur du cristal transparent en formant une ligne lumineuse. L'œil-de-tigre ressemble à l'œil-de-chat, mais il est moins précieux car opaque.

Pistes d'interprétation

- **Œil-de-tigre au centre/en maison une**
  Acceptez l'idée de travailler avec les autres, surtout s'ils vous offrent une aide pratique.
- **Œil-de-tigre au sud-est/en maison deux**
  Ne comptez pas seulement sur vos ressources personnelles pour vous aider dans cette situation.
- **Œil-de-tigre à l'est/en maison trois**
  Parlez aux autres de vos idées et prenez leur opinion en compte avant d'agir.
- **Œil-de-tigre au nord/en maison quatre**
  Il est temps de solliciter l'aide et le soutien de membres de votre famille plus expérimentés.
- **Œil-de-tigre à l'ouest/en maison cinq**
  Il est nécessaire de prendre des risques si vous voulez réussir.
- **Œil-de-tigre en maison six**
  Il vous faut désormais aborder les questions professionnelles avec constance et méthode, sans brusque revirement.
- **Œil-de-tigre au sud-ouest/en maison sept**
  Les relations et le couple exigent sans doute beaucoup d'attention et d'amour en ce moment.
- **Œil-de-tigre en maison huit**
  Soyez prudent·e en matière de gestion d'entreprise ou si d'autres personnes contrôlent votre argent.
- **Œil-de-tigre au nord-est/en maison neuf**
  Il y a une possibilité d'études ou de voyages avec des ami·es. De longs voyages liés à des cérémonies sont à envisager.
- **Œil-de-tigre au sud/en maison dix**
  Examinez vos projets d'avenir et vérifiez que vous n'avez rien oublié.
- **Œil-de-tigre au nord-ouest/en maison onze**
  Essayez de vous impliquer dans un groupe qui partage vos objectifs.
- **Œil-de-tigre en maison douze**
  Il vous serait utile de participer à des activités de groupe pour oublier momentanément vos tensions.

Personnalité

L'œil-de-tigre représente une personne chaleureuse, sociable, pratique et dotée du sens de l'humour, mais qui a besoin d'être entourée pour se sentir à l'aise.

Énergie

Sociable, pratique, orientée vers le groupe.

Propriétés thérapeutiques et spirituelles

En raison de son caractère multicolore, l'œil-de-tigre permet d'équilibrer les trois chakras inférieurs.

Grâce à ses veines striées, l'œil-de-tigre équilibre la circulation de l'énergie entre ces centres, favorisant ainsi la confiance en soi, l'esprit pratique et le fait de se sentir à l'aise. L'œil-de-tigre a une action douce d'enracinement, mais les scintillants jeux de lumière ajoutent une touche de légèreté et suggèrent le goût de la joie et de la beauté, ainsi que la capacité intuitive à recevoir des flashs.

Interprétation divinatoire

L'œil-de-tigre possède une énergie positive efficace apportant de la confiance en soi, ainsi que la faculté à parvenir au succès. Il indique le besoin d'aborder les problèmes de façon pragmatique et concrète. Commencez par les bases, par ce que vous savez, puis travaillez lentement et méthodiquement. L'œil-de-tigre met en lumière le fait que vous ne devez pas vous y atteler seul·e. Nous avons tous besoin de l'aide et des conseils d'autrui et cette pierre implique qu'il est désormais temps de travailler en groupe vers un objectif commun.

L'ambre

Les profondeurs translucides de l'ambre sont censées posséder l'énergie chaleureuse du Soleil.

COULEURS	**jaune, rouge, jaune-rouge, vert**
DURETÉ	**2/2,5**
PROPRIÉTÉS	**réchauffant, stimulant**
CHAKRA PRINCIPAL	**du plexus solaire**

L'ambre témoigne des débuts de la planète Terre, car il se compose de résine de pin fossilisée. Les pins poussaient dans les forêts de la période tertiaire, il y a plus de cinquante millions d'années. Les arbres abîmés exsudaient de la résine qui, tombant sur le sol, était alors recouverte par des couches épaisses de sable et de gravier.

Pendant des millions d'années, l'érosion a emporté les nodules d'ambre vers la mer, puis ils se sont finalement déposés sur les côtes.

Histoire et mythe

On trouve de l'ambre dans diverses parties du monde, notamment en Allemagne, au Canada et aux États-Unis ; les côtes de la mer Baltique en sont toutefois la source principale.

Léger et facile à travailler, l'ambre est un matériau très apprécié depuis des centaines d'années. Bien qu'il soit la plupart du temps marbré, ces marbrures disparaissent souvent dès qu'on le chauffe légèrement. Les poètes classiques comparaient l'ambre aux larmes des dieux ou aux rayons du Soleil couchant s'abîmant sur le rivage. L'empereur Néron avait même organisé une expédition sur la côte baltique pour constituer un stock d'ambre. Dans de nombreuses civilisations antiques, les amulettes et les médicaments étaient composés d'ambre car il se dissout facilement dans l'alcool.

Pistes d'interprétation

- **Ambre au centre/en maison une**
  Un climat d'enthousiasme et d'énergie est nécessaire pour rétablir l'ordre.
- **Ambre au sud-est/en maison deux**
  Nouvel élan pour gérer vos finances et prendre votre vie en main.
- **Ambre à l'est/en maison trois**
  Vous parlez peut-être trop. Écoutez davantage les autres.
- **Ambre au nord/en maison quatre**
  Période très active à la maison. Beaucoup de choses arrivent en même temps.

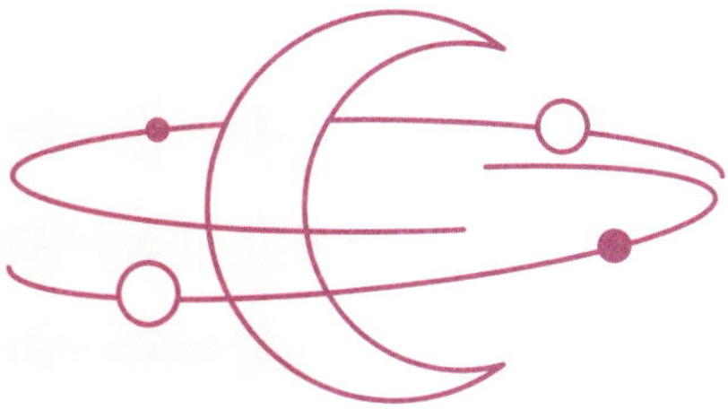

Personnalité

Les personnes liées à l'ambre sont toujours en mouvement. Intelligentes et éveillées, elles ont néanmoins souvent du mal à se détendre. Elles ont tendance à trop travailler et à s'inquiéter plus qu'il ne faut.

Énergie

Stimulante, électrique, revigorante.

- **Ambre à l'ouest/en maison cinq**
  Vous avez une multitude de projets en tête. Notez-les afin d'y réfléchir à tête reposée.
- **Ambre en maison six**
  La nervosité et l'agitation sur de longues périodes peuvent engendrer des problèmes de santé. Apprenez à vous détendre.
- **Ambre au sud-ouest/en maison sept**
  Intellectualiser à l'excès peut provoquer des désaccords si les émotions ne sont pas prises en compte.
- **Ambre en maison huit**
  L'accélération des événements peut vous stresser ou au contraire vous remplir d'énergie.
- **Ambre au nord-est/en maison neuf**
  Ne vous jetez pas sur la première opportunité qui se présente. Réfléchissez avant de vous engager.
- **Ambre au sud/en maison dix**
  Canalisez votre énergie. Vous menez trop de projets en même temps.
- **Ambre au nord-ouest/en maison onze**
  Vous avez beaucoup de gens à rencontrer et d'événements auxquels assister.
- **Ambre en maison douze**
  Vous souffrirez peut-être temporairement d'un sommeil léger.

Propriétés thérapeutiques et spirituelles

L'ambre possède des propriétés électriques : il génère de l'électricité statique lorsqu'on le frotte. Il n'est donc pas surprenant qu'il ait un effet bénéfique sur le système énergétique corporel. L'ambre peut améliorer les fonctions du cerveau et du système nerveux, soulager l'anxiété et accroître la clarté d'esprit. Il a un effet stimulant, mais selon certain·es il engendre irritation et suractivité s'il est porté plus d'une heure. Il peut également avoir un effet détoxifiant et soulager les symptômes dépressifs.

Interprétation divinatoire

L'ambre apporte un certain degré d'énergie. S'il se trouve à un endroit où d'autres éléments indiquent des restrictions, des doutes, une situation stagnante, il exerce une action stimulante et permet de faire bouger les choses. Dans une position favorable ou déjà équilibrée, sa présence signifie que le·la consultant·e doit veiller à ce que la situation ne dégénère pas en frénésie ou en surexcitation. L'ambre est comparable à la caféine dans le règne minéral : une trop grande quantité engendre du désordre, de la mauvaise humeur et des disputes. Mais il n'y a le plus souvent pas de problèmes si cette énergie trouve à s'employer.

En présence d'ambre, soyez à l'affût de talents sous-employés, d'émotions refoulées ou d'anxiétés et de tensions non soulagées.

La citrine

La citrine est une variété de quartz transparent jaune, prisée autant pour sa couleur chaude que pour sa rareté.

COULEURS	**jaune, brun orangé, brun doré**
DURETÉ	**7**
PROPRIÉTÉS	**chaleureuse, inspirante, confiante**
CHAKRA PRINCIPAL	**du plexus solaire**

La citrine apparaît naturellement lorsque le quartz se recristallise avec des inclusions de fer. Sa couleur peut varier du brun orangé foncé au jaune.

Histoire et mythe

En raison de sa rareté et de sa couleur, la citrine a longtemps été considérée comme une pierre précieuse. Les variétés les plus pâles peuvent ressembler à d'autres pierres précieuses telles que l'héliodore (le béryl jaune), le chrysobéryl et certaines variétés de topaze. Au Moyen Âge, on pensait que la citrine transportait l'énergie des rayons du Soleil. Elle servait donc de remède aux personnes souffrant d'asthénie durant les longs mois d'hiver ou lorsque la lumière était insuffisante.

Pistes d'interprétation

- **Citrine au centre/en maison une**
  Une image de confiance bénéficiera à toutes les situations actuelles.
- **Citrine au sud-est/en maison deux**
  Instaurer une routine est réconfortant et répond à vos besoins actuels.
- **Citrine à l'est/en maison trois**
  Soyez clair·e dans votre manière de communiquer, même si vous devez vous répéter.
- **Citrine au nord/en maison quatre**
  Les fondements de la question sont sains et stables ; ils vous assureront beaucoup de sécurité.
- **Citrine à l'ouest/en maison cinq**
  Vous devez prendre du temps pour vous détendre et pour vous amuser.
- **Citrine en maison six**
  Regardez le bon côté des choses pour vous donner l'énergie dont vous avez besoin.
- **Citrine au sud-ouest/en maison sept**
  Le réconfort d'autrui contribuera à dissiper vos inquiétudes.

- **Citrine en maison huit**
  Les personnes qui ont de graves problèmes vous trouvent d'un abord facile, mais ne vous impliquez pas trop.
- **Citrine au nord-est/en maison neuf**
  Votre conception de la situation globale est correcte, alors faites confiance à votre intuition.
- **Citrine au sud/en maison dix**
  Vous pouvez faire évoluer la question en toute confiance, à condition de tenir compte du bien-être des autres.
- **Citrine au nord-ouest/en maison onze**
  Les moments calmes entre ami·es renforceront votre confiance et calmeront vos inquiétudes.
- **Citrine en maison douze**
  Les rêves et les pensées confirmeront la direction actuelle.

Personnalité

La personne représentée par la citrine est joyeuse, confiante et épanouie. Elle possède un sens pratique et aime explorer le domaine subtil de l'esprit.

Énergie

Réconfortante, inspirante, joyeuse.

Propriétés thérapeutiques et spirituelles

La large gamme de couleurs de la citrine lui permet d'équilibrer de nombreuses zones des corps physique et subtil. Les variétés foncées brun orangé contribuent à donner de l'énergie au chakra racine et ont un léger effet d'enracinement. Les pierres jaune orangé sont efficaces sur le chakra racine tout en aidant le corps à se libérer du stress, des tensions, et à mieux apprécier la vie. La citrine jaune est très efficace sur le chakra du plexus solaire, car elle équilibre les systèmes nerveux

et digestif tout en apportant concentration et clarté d'esprit. Son action est légèrement expansive, relaxante et réconfortante ; elle augmente la confiance en soi et le pouvoir personnel. Les teintes dorées du cristal sont également liées aux énergies spirituelles situées au-dessus de la tête et offrent un degré plus élevé de sagesse et de connaissance. En sa qualité de pierre d'enracinement, la citrine contribue à intégrer ces degrés d'intuition dans la vie quotidienne.

Interprétation divinatoire

La citrine apporte l'énergie et l'assurance nécessaires au succès, la clarté d'esprit ainsi que la cohérence. Elle contribue à rassembler les différentes énergies, en particulier s'il existe un conflit entre les désirs et la réalité, l'idéalisme et le pragmatisme, ou la détente et l'action.

Dans les situations peu claires, la citrine apporte la lumière du Soleil pour éclairer les problèmes de manière à les voir tels qu'ils sont. Avec elle, la pensée doit précéder l'action. Examiner en détail la situation permet de comprendre et de trouver les informations nécessaires au succès. Ignorer cette phase du processus est susceptible d'engendrer de l'inquiétude et de la confusion.

Dans une position défavorable, la citrine peut inciter à la prudence. Elle peut aussi indiquer qu'il faut procéder pas à pas en s'assurant que les fondements sont solides avant d'aller de l'avant.

La topaze

La topaze est un minéral précieux utilisé pour fabriquer des bijoux depuis des siècles. Les variétés les plus prisées sont la topaze impériale, d'une intense couleur orange, et la topaze jaune, plus pâle. La topaze bleue ressemble beaucoup à l'aigue-marine.

COULEURS	**jaune, dorée, orange, bleue, incolore**
DURETÉ	**8**
PROPRIÉTÉS	**équilibrante, stabilisante**
CHAKRA PRINCIPAL	**du plexus solaire**

La topaze incolore, variété la plus commune, a l'éclat du diamant. Cette pierre est caractérisée par la présence de petites quantités de divers métaux (fer, chrome, titane) dans le réseau atomique. Les cristaux ont le plus souvent la forme de colonnes à quatre côtés et à l'extrémité pyramidale ou plate. L'une des particularités de la topaze est la présence de stries verticales sur les faces du prisme.

La topaze est sensible à la chaleur qui en modifie la couleur. Elle est dure mais cassante et se fracture facilement. Elle est moins prisée que les autres cristaux en raison de son abondance.

Histoire et mythe

On peut lire dans un traité mystique du XIIIe siècle consacré aux décorations des pierres précieuses : « Sur une topaze, la figure du faucon aide à concilier la bienveillance des rois, des princes et des magnats. »

Selon certaines sources, le nom de la topaze est issu du grec ancien *topazos*, désignant une île de la mer Rouge (aujourd'hui appelée Zabargad) où les Romains avaient découvert un gisement d'olivine jaune-vert exceptionnel qu'ils nommèrent topaze. Ils donnèrent également ce nom à d'autres pierres précieuses jaunes. Par conséquent, il est probable que les légendes évoquant la topaze fassent référence à d'autres pierres jaunes comme le béryl jaune ou le saphir, car les instruments permettant de les distinguer sont récents.

Une autre version avance que ce nom dérive du mot sanskrit *tapas*, signifiant « feu » ou « chaleur ». La topaze, qui représente la planète Jupiter, est l'une des pierres précieuses les plus importantes parmi les neuf pierres de l'ayurvéda.

Pistes d'interprétation

- **Topaze au centre/en maison une**
  Ayez conscience que vous pouvez sembler exigeant·e et autoritaire.
- **Topaze au sud-est/en maison deux**
  Prenez en charge vos ressources et utilisez-les à des fins personnelles.
- **Topaze à l'est/en maison trois**
  Ne soyez pas surpris·e si les autres ignorent vos conseils.
- **Topaze au nord/en maison quatre**
  Reconnaissez les besoins d'autrui quand il·elle vous rend visite, en particulier si vous souhaitez qu'il·elle reste.
- **Topaze à l'ouest/en maison cinq**
  Pour être appréciés, vos talents créatifs doivent être vus. Trouvez des moyens de les exprimer.
- **Topaze en maison six**
  Vous travaillez très bien seul·e, mais ayez l'humilité de demander de l'aide si vous en avez besoin.
- **Topaze au sud-ouest/en maison sept**
  Votre rôle dominant au sein de la relation peut éclipser les besoins et les capacités de votre partenaire.
- **Topaze en maison huit**
  Ne vous laissez pas intimider par ceux·celles qui pensent tout savoir, mais écoutez ce qu'ils ont à vous dire.
- **Topaze au nord-est/en maison neuf**
  Vos connaissances sont vastes. Inutile de vous en vanter auprès des autres.
- **Topaze au sud/en maison dix**
  C'est le moment idéal pour réaliser vos souhaits les plus chers.
- **Topaze au nord-ouest/en maison onze**
  Organisez des rencontres et laissez les autres participer aux préparatifs.
- **Topaze en maison douze**
  Acceptez que quelqu'un subvienne à vos besoins pratiques et profitez-en pour recharger vos batteries.

Personnalité

La personne liée à la topaze possède une confiance en elle positive ou négative, selon la nature de sa personnalité. Leader-né ou manipulatrice, elle parviendra à occuper les postes les plus élevés.

Énergie

Royale, dirigeante, sachant déléguer.

Propriétés thérapeutiques et spirituelles

La topaze est utile pour diriger et concentrer l'énergie. Les stries parallèles de la pierre et son éclat naturel facilitent ce processus. Elle chasse également les émotions négatives pour apporter équilibre et stabilité.

Les énergies intérieures sont mieux organisées, donnant de l'assurance. Cette pierre stimule également le chakra du plexus solaire, relié à l'entretien des niveaux d'énergie personnelle. Les topazes jaunes et dorées s'accordent bien avec le chakra couronne, favorisant le calme et l'harmonie. Quant à la variété bleue, elle peut libérer les blocages en matière de communication et d'expression.

Interprétation divinatoire

La topaze stimule le pouvoir personnel et le leadership. En position favorable, elle peut signaler que le moment est venu de prendre en main les événements et de rassembler autour de vous des personnes aptes à vous aider. Dans ce cas de figure, il est important de ne pas essayer d'agir seul·e : apprenez à déléguer et faites confiance aux talents d'autrui. Un·e dirigeant·e doit aussi savoir encourager les autres afin qu'ils·elles soient prêt·es à suivre ses suggestions.

Dans une position défavorable, la topaze suggère que vous êtes trop dominateur·ice et autoritaire. Donnez davantage d'espace à ceux·celles qui vous entourent. Vous voulez attirer l'attention : prenez conscience que les autres ont également des besoins et des priorités, et que vous n'en faites peut-être pas tout le temps partie.

La topaze nous apprend à observer la manière dont l'énergie circule dans le monde. Sommes-nous trop égoïstes, mesquin·es ou exigeant·es ? Comptons-nous trop sur les autres parce que nous ne croyons pas en notre capacité à contrôler les événements de notre vie ?

Le quartz fumé

Le quartz fumé est une pierre associée au calme. Il incarne l'amorce du changement et de nouveaux départs, ainsi qu'un potentiel de créativité.

COULEURS	**brun-jaune à noir**
DURETÉ	**7**
PROPRIÉTÉS	**calmant, favorise l'enracinement, protecteur**
CHAKRA PRINCIPAL	**racine**

Le quartz fumé a une couleur caractéristique brun fumé ou gris translucide. Il peut être légèrement coloré ou presque noir. Il apparaît lorsque le quartz transparent est exposé à des sources naturelles de radiation provenant de l'intérieur de la Terre ou de rayons ultraviolets. Des impuretés de manganèse sont parfois présentes. Le quartz fumé se trouve généralement dans les zones montagneuses.

Histoire et mythe

Les Romains connaissaient bien cette pierre. La variété noire, presque opaque, porte le nom latin de *morion*. On trouve la variété brun doré en Écosse où elle se nomme *cairngorm*, d'après le nom de la chaîne de montagnes qui la renferment.

Traditionnellement, les plus beaux spécimens de quartz fumé étaient polis puis enchâssés pour former des bijoux qui se transmettaient de génération en génération, servant d'amulettes thérapeutiques et protectrices.

Pistes d'interprétation

- **Quartz fumé au centre/en maison une**
  La clarté est nécessaire dans la description que vous faites d'une personne ou d'une situation.
- **Quartz fumé au sud-est/en maison deux**
  Réfléchissez à vos projets qui n'ont pas encore débuté. Faut-il les modifier ?
- **Quartz fumé à l'est/en maison trois**
  Il est sans doute préférable de rester calme ou discret·ète.
- **Quartz fumé au nord/en maison quatre**
  Restez chez vous pour réfléchir à l'ensemble de la situation.
- **Quartz fumé à l'ouest/en maison cinq**
  Concentrez-vous sur la manière dont vous allez mettre en œuvre vos projets actuels.
- **Quartz fumé en maison six**
  Des changements sont peut-être nécessaires dans vos méthodes de travail.

- **Quartz fumé au sud-ouest/en maison sept**
  Des ajustements relationnels sont probables.
- **Quartz fumé en maison huit**
  Il est temps de réévaluer et de vous dégager des sentiments profonds ou engagements qui vous accaparent.
- **Quartz fumé au nord-est/en maison neuf**
  Il se produit davantage de choses que les apparences ne l'indiquent.
- **Quartz fumé au sud/en maison dix**
  Il est temps de vous pencher sur vos rêves. Comment pouvez-vous les transformer en réalité ?
- **Quartz fumé au nord-ouest/en maison onze**
  C'est probablement le moment d'éviter la foule et les fêtes. Vous avez besoin de calme.
- **Quartz fumé en maison douze**
  Assurez-vous que vous avez bien considéré toutes les possibilités suggérées par vos rêves.

Personnalité

Les personnes liées au quartz fumé possèdent une énergie calme et importante, puis profonde et créative. Elles peuvent choisir de mener une vie tranquille.

Énergie

Potentiel, débuts, changement.

Propriétés thérapeutiques et spirituelles

Le quartz fumé possède une douce énergie d'enracinement et de mobilisation. Tandis que le quartz transparent anime et diffuse une légère énergie, le quartz fumé absorbe toute l'énergie et la stocke. Ce type de quartz est efficace dans toutes les situations confuses ou surchargées. Il donne de l'énergie aux fonctions d'enracinement afin que la personne puisse se concentrer sur ce qui est important. Il a également un effet calmant sur les processus cognitifs et est excellent pour la méditation. Il peut contribuer à chasser la peur de tous les systèmes corporels ainsi que d'autres états d'esprit négatifs tout en apportant sécurité et protection, car il favorise la stabilité.

Interprétation divinatoire

Le quartz fumé représente une phase calme dans le développement d'un processus. Elle peut se situer au tout début, voire avant le déclenchement de ce dernier. Cette pierre est semblable à un sol riche où beaucoup de plantes peuvent pousser si la saison est propice. Dans ce contexte, la patience et un niveau d'activité très faible sont recommandés afin de ne pas empêcher les graines de germer.

Dans la plupart des phases de croissance et de développement, il existe des périodes de latence où rien ne semble se produire. Ces périodes indiquent que le changement a lieu en profondeur, c'est-à-dire sur une certaine durée et sans doute bien loin du quotidien. Il est temps de mettre intérieurement l'accent sur vos projets et vos rêves, sans vous fixer de résultat à atteindre. La contemplation, la méditation et le fait de cesser les activités extérieures peuvent accélérer le processus.

La sanguine

La sanguine, aussi connue sous le nom d'héliotrope, est depuis longtemps utilisée à des fins ésotériques. Variété de calcédoine, elle est considérée comme précieuse en raison de sa couleur vert moucheté de rouge.

COULEUR	**vert moucheté de rouge**
DURETÉ	**7**
PROPRIÉTÉS	**motivante, soutenante, mobile**
CHAKRAS PRINCIPAUX	**du cœur, racine**

La sanguine a la même composition chimique que le jaspe vert et est colorée par de petits cristaux tels l'actinolite et la céladonite. Les points rouges ressemblant à des gouttes de sang sont composés d'oxyde de fer. Les sanguines les plus précieuses possèdent des motifs rouge vif caractéristiques et viennent d'Inde, leur berceau depuis toujours.

Histoire et mythe

Dans un texte mystique du XIIIe siècle, il est écrit : « Une chauve-souris gravée sur une sanguine ou un héliotrope permet à la personne qui la·le porte de lutter contre les démons et facilite les incantations. »

Dans l'Antiquité, de nombreuses croyances se rapportaient à la sanguine ou à l'héliotrope, terme signifiant « qui se tourne vers le Soleil ». Divers textes indiquaient que cette pierre pouvait colorer l'eau en rouge, assombrir le Soleil ou créer des tempêtes. Elle est également censée détenir le pouvoir de stopper les hémorragies et de donner force, longévité et honneur à ceux·celles qui la portent.

Pistes d'interprétation

- **Sanguine au centre/en maison une**
  Donnez l'apparence de faire un effort pratique dans la situation.
- **Sanguine au sud-est/en maison deux**
  Examinez soigneusement toute dépense personnelle, financière ou énergétique avant d'agir.
- **Sanguine à l'est/en maison trois**
  Les idées et les propositions constructives peuvent être d'un grand soutien.
- **Sanguine au nord/en maison quatre**
  Votre famille ou vos ami·es proches peuvent avoir besoin de votre soutien et de votre loyauté.

- **Sanguine à l'ouest/en maison cinq**
De nouvelles aventures ou projets lents à démarrer vont désormais s'épanouir.
- **Sanguine en maison six**
Vous aurez besoin de courage pour changer d'environnement et prendre un nouveau départ.
- **Sanguine au sud-ouest/en maison sept**
Réfléchissez à vos motivations si vous suscitez la colère des autres. Êtes-vous en train de les manipuler ?
- **Sanguine en maison huit**
Les investissements prudents sont payants, à condition d'être patient·e.
- **Sanguine au nord-est/en maison neuf**
Élargissez progressivement vos expériences.
- **Sanguine au sud/en maison dix**
Le succès est le fruit d'un dur labeur et d'une bonne organisation.
- **Sanguine au nord-ouest/en maison onze**
Vous ferez preuve d'un fort enthousiasme pour le travail collectif mais ce sera éphémère à moins que vous n'en tiriez profit.
- **Sanguine en maison douze**
Des périodes de repos ou de solitude forcée vous éviteront l'épuisement.

Personnalité

Cette pierre représente une personne forte, courageuse et émotive, mais capable de compenser la passion par du calme et de la compréhension.

Énergie

Courageuse, forte, secourable.

Propriétés thérapeutiques et spirituelles

Les couleurs associées de la sanguine lui permettent d'agir sur le chakra du cœur et sur le chakra racine. Elle favorise l'équilibre énergétique, le sens pratique et l'ambition.

La sanguine calme les émotions fortes et est à la fois stimulante et motivante. Elle soutient le cœur ainsi que le système circulatoire sur le plan physique, énergétique. Nos qualités spirituelles peuvent être intégrées à notre vie quotidienne car le chakra racine, à l'origine de notre force vitale, est activé de manière contrôlée et disciplinée.

Interprétation divinatoire

La sanguine est reliée au Soleil et au signe astrologique du Bélier. Ce lien ainsi que sa connexion avec le sang l'associent aux qualités de courage, de force et à l'envie de réussir envers et contre tous.

Lors d'une séance de prédiction, la sanguine indique le besoin de courage et de persévérance, mais aussi que vous pouvez atteindre vos objectifs. Dans une position défavorable, elle protège contre l'échec. Dans une position favorable, elle montre que tous les obstacles disparaîtront et que vos proches vous soutiendront.

En cas de bouleversements émotionnels, la présence de la sanguine peut indiquer la nécessité de calmer des réactions impulsives comme la colère. Ne laissez pas votre cœur vous éloigner de la réalité.

Le jade

Bien qu'il s'agisse de l'un des minéraux les plus durs, le jade, également connu sous les noms de jadéite et de néphrite, est depuis longtemps recherché pour la sculpture.

LA JADÉITE

COULEUR	**vert foncé**
DURETÉ	**7**
PROPRIÉTÉS	**instinctive, intégrante, avertie**
CHAKRA PRINCIPAL	**du cœur**

LA NÉPHRITE

COULEUR	**verte, blanche, crème, marron**
DURETÉ	**6/6,5**
PROPRIÉTÉS	**intégrante, instinctive, consciente**
CHAKRA PRINCIPAL	**du cœur**

Le terme jade renvoie à deux minéraux bien distincts : la jadéite et la néphrite. La jadéite, légèrement plus dure, a une couleur vert foncé en raison des impuretés de chrome, alors que la néphrite, constituée d'un minéral appelé actinote, est plus molle et moins dense. Le jade de qualité étant peu commun, les imitations sont fréquentes. Ainsi la bowénite, minerai similaire à la serpentine, est souvent teinte en vert pour imiter la couleur profonde du jade impérial. De même, le jade africain est en réalité du grenat vert opaque originaire du Transvaal.

Histoire et mythe

Le jade a une longue histoire qui commence à l'aube de la civilisation. On a en effet trouvé des têtes de hache en jade aux fonctions cérémoniales et rituelles dans des tombeaux datant de l'âge de pierre. Certaines sont délibérément coupées ou morcelées, suggérant ainsi un rituel consistant à transmettre le pouvoir des défunt·es : en Amérique du Sud, on plaçait du jade sous leur langue, et cette pratique était aussi courante en Chine pour protéger leur esprit. Les envahisseurs espagnols, qui avaient remarqué l'utilisation répandue du jade en Amérique, en ramenèrent de nombreux spécimens en Europe. Ils nommèrent la pierre *piedra de hijada*, ce qui signifie « pierre du flanc », car les Amérindiens s'en servaient pour traiter les maladies liées aux reins. En Chine, le jade possédait une grande valeur médicinale : il servait à prolonger la vie et à renforcer le cœur, les poumons, la voix, les os et le sang.

La Nouvelle-Zélande est une autre source importante de jade. Les Maoris le sculptaient et créaient des formes humaines stylisées représentant les esprits ancestraux. Grâce à ces *hei-tiki*, signifiant « sculptures pour le cou », les familles pouvaient avoir accès à l'énergie de leurs ancêtres.

Pistes d'interprétation

- **Jade au centre/en maison une**
  Vous devez sembler à l'aise dans toutes les circonstances.
- **Jade au sud-est/en maison deux**
  Ayez confiance en vous et assumez vos croyances et vos valeurs.
- **Jade à l'est/en maison trois**
  C'est une bonne idée de clarifier vos sentiments et vos positions.
- **Jade au nord/en maison quatre**
  Vous pouvez trouver l'inspiration en vous penchant sur l'histoire familiale.
- **Jade à l'ouest/en maison cinq**
  Suivez vos instincts dans les domaines du plaisir et du divertissement.
- **Jade en maison six**
  Continuez à agir comme vous l'avez toujours fait.
- **Jade au sud-ouest/en maison sept**
  Ne laissez pas l'envie de plaire aux autres supplanter vos propres besoins.
- **Jade en maison huit**
  Lorsque des personnes de pouvoir vous donnent des conseils, comparez-les avec vos propres réactions instinctives.
- **Jade au nord-est/en maison neuf**
  Assurez-vous de connaître tous les antécédents à l'origine de la situation actuelle.
- **Jade au sud/en maison dix**
  Sachez que votre position actuelle est le résultat d'un ensemble de facteurs et pas simplement de vos efforts personnels.
- **Jade au nord-ouest/en maison onze**
  Les personnes possédant les mêmes racines que vous peuvent vous aider à avoir un sentiment d'appartenance.
- **Jade en maison douze**
  Examinez toutes les traditions que vous avez adoptées et assurez-vous qu'elles répondent à vos besoins.

Personnalité

Le jade représente des personnes ancrées dans les traditions familiales. Elles ont une stabilité due à leur sens de la continuité.

Énergie

Stable, ancestrale, intégrée.

Propriétés thérapeutiques et spirituelles

Le jade a un effet général équilibrant sur le cœur. C'est une pierre stabilisante qui aide à prendre conscience de la capacité instinctuelle du corps. Ce niveau de conscience maintient un lien permanent avec la planète et ses énergies, créant un sentiment d'appartenance et une plus grande sensibilité à l'environnement. Le jade améliore également l'efficacité de tous les processus de guérison.

Interprétation divinatoire

Le jade favorise la capacité instinctive à percevoir la vérité d'une situation. Lors d'une séance de prédiction, il peut suggérer qu'il faut suivre nos instincts plus souvent. La force du jade tient à sa capacité à relier les individus au tout. Il peut donc signifier qu'il faut s'impliquer davantage dans une situation ou faire marche arrière si notre instinct nous l'indique.

Comme le jade est étroitement lié aux esprits des défunt·es, lors d'une séance de divination il peut représenter les traditions ancestrales. Nous sommes tou·tes plus ou moins déterminé·es par notre constitution génétique, et ce jusque dans nos comportements. Le reconnaître peut nous éclairer sur notre vie personnelle.

L'émeraude

L'émeraude représente la quintessence de la pierre verte. Pourtant, elle est rarement sans défauts ou inclusions.

COULEUR	**vert vif**
DURETÉ	**7,5/8**
PROPRIÉTÉS	**harmonieuse, purifiante, calmante**
CHAKRA PRINCIPAL	**du cœur**

L'émeraude est une variété rare de béryl qui forme de longs prismes hexagonaux au sein des roches de type granite ou pegmatite. Les cristaux de béryl peuvent être extrêmement gros ; les spécimens atteignant plusieurs mètres de long ne sont pas inhabituels. La nuance particulière de vert qui rend le béryl si attrayant est due à la présence d'atomes de chrome et de vanadium au sein du réseau cristallin.

L'émeraude est un minéral dur mais cassant qui contient fréquemment des crevasses, des bulles de gaz, des gouttelettes d'eau et des cristaux d'autres minerais. On peut ainsi facilement identifier l'émeraude à ses inclusions. Celles de mica sont communes dans les pierres africaines et russes, tandis que les pierres brésiliennes comportent généralement des inclusions de calcite et de pyrite. Les plus belles émeraudes précieuses proviennent de Colombie.

Les pierres de grande qualité exigées par la joaillerie sont très coûteuses, mais il est possible d'acquérir à un prix raisonnable les émeraudes non translucides comportant des crevasses et des inclusions visibles. La difficulté à trouver des émeraudes parfaites a conduit les orfèvres à concevoir une taille propre à l'émeraude, consistant à tailler en longues facettes les bords externes de la pierre rectangulaire pour en souligner la couleur et en masquer les imperfections.

Histoire et mythe

Dans l'Égypte ancienne, on extrayait les émeraudes au sud d'El Quseir. Leur couleur verte était associée aux propriétés vitales du Nil et à la végétation environnante. Il devint alors coutumier de placer une émeraude dans la bouche des défunt·es momifié·es pour leur permettre de renaître dans l'au-delà. Le vert était la couleur sacrée d'Osiris (Asar), guide et gardien de l'humanité, dieu de la fertilité, de l'abondance et de l'agriculture. Le dieu du savoir, Toth (Tahuti), avait, dit-on, transmis sa sagesse sur une table d'émeraude.

En Amérique du Sud, les Péruviens étaient censés posséder une émeraude de la taille d'un œuf d'autruche qu'ils conservaient dans un temple consacré à la déesse de la pierre, à laquelle ils offraient de petites émeraudes.

Après avoir conquis les Aztèques, les Espagnols ramenèrent en Europe de grandes quantités de belles émeraudes d'une taille importante.

Tout au long de l'histoire, l'émeraude fut associée à l'honnêteté, à la vérité et à la sainteté. Ces qualités en faisaient la pierre principale à examiner quand il s'agissait de prouver la force et l'authenticité d'une relation. L'émeraude en vint ainsi à symboliser l'amour véritable. On l'a aussi utilisée pour améliorer la vue, se protéger des morsures de serpent et des esprits malveillants, ou encore pour bénéficier de dons de prophétie et de clairvoyance. La pierre était censée se briser en présence du mal ou de tromperies.

Pistes d'interprétation

- **Émeraude au centre/en maison une**
  La pierre indique le besoin de se fondre dans son environnement et de s'y sentir à l'aise.
- **Émeraude au sud-est/en maison deux**
  Assurez-vous d'apprécier et de reconnaître à sa juste valeur ce que vous possédez.
- **Émeraude à l'est/en maison trois**
  Dites aux gens que vous aimez que vous tenez à eux, mais n'attendez pas qu'ils fassent de même.
- **Émeraude au nord/en maison quatre**
  « Le foyer réside là où se trouve le cœur. » Le sens de la sécurité vient de cet adage.
- **Émeraude à l'ouest/en maison cinq**
  Soyez attentif·ve aux projets et aux aventures sentimentales qui se profilent.
- **Émeraude en maison six**
  Il peut être nécessaire de modifier certains aspects de votre vie professionnelle pour que vous soyez en accord avec vous-même.
- **Émeraude au sud-ouest/en maison sept**
  Montrez-vous aimant·e avec vos proches et ouvert·e aux autres.
- **Émeraude en maison huit**
  Vous avez la capacité de gérer vos ressources personnelles si vous avez confiance en vous.
- **Émeraude au nord-est/en maison neuf**
  Partagez la richesse de vos connaissances avec les personnes s'intéressant aux mêmes sujets.
- **Émeraude au sud/en maison dix**
  Impliquez-vous émotionnellement sans rien attendre en retour.
- **Émeraude au nord-ouest/en maison onze**
  Les animaux sont très importants pour vous car ils vous aident à garder un certain équilibre et à avoir des perspectives d'avenir.
- **Émeraude en maison douze**
  Soyez honnête avec vous-même au sujet de vos relations, de ce que vous donnez et de ce que vous attendez en retour.

Personnalité

L'émeraude représente une personne ouverte, perspicace et aimante. Son énergie est calme et solide. Cette personne est persuadée que les choses sont bonnes et tire son optimisme de la stabilité et de la confiance en soi plutôt que de vœux pieux.

Énergie

Aimante, optimiste, amicale.

Propriétés thérapeutiques et spirituelles

L'émeraude apaise l'ensemble des systèmes corporels et accélère tous les processus de purification. Elle peut chasser l'anxiété et les peurs cachées. Elle permet d'accéder à des niveaux de conscience plus élevés. L'émeraude constitue donc une pierre de méditation utile.

La profonde couleur verte de la pierre apporte une énergie de paix, de croissance et d'abondance. Cette pierre équilibre essentiellement la zone du cœur.

Interprétation divinatoire

Lors d'une séance de prédiction, l'émeraude indique l'amour, l'attachement et l'amitié véritable. Elle exige une approche honnête et ouverte. Comme la pierre elle-même, toute relation contient des failles et des imperfections. Un vrai couple les surmonte tandis qu'une relation superficielle se brise lorsqu'elle est sous pression.

L'aventurine

Ce type de quartz très coloré, aux inclusions brillantes, tire probablement son nom de l'expression italienne* per avventura*, signifiant « par hasard ».

COULEURS	**verte, brun orangé**
DURETÉ	**7**
PROPRIÉTÉS	**tranquille, positive**
CHAKRAS PRINCIPAUX	**du cœur, du plexus solaire**

L'aventurine se forme lorsque le quartz fond et recristallise au contact d'autres minéraux colorant la roche. Elle est microcristalline et prend la forme de larges blocs faciles d'utilisation pour créer différents objets ornementaux.

L'aventurine verte est colorée par la fuschite, un mica qui parsème la pierre de mouchetures brillantes. Bien que souvent ténue, cette caractéristique la distingue des pierres à l'apparence similaire telles que l'amazonite, l'émeraude et le jade. Les variétés marron, quant à elles, doivent leur couleur à la pyrite ou à la goethite.

Histoire et mythe

L'aventurine est une pierre renommée dans de nombreuses civilisations, et ce depuis des siècles. Des sculptures en aventurine chinoises datent ainsi du IIIe siècle avant J.-C., tandis que d'autres ont été réalisées dans le bassin méditerranéen. De nos jours, l'aventurine demeure une pierre de sculpture populaire, notamment dans des pays comme l'Inde, la Chine et le Brésil.

L'origine de son nom vient peut-être de l'expression italienne « par hasard », impliquant que sa découverte serait accidentelle. Il est également possible que cette appellation soit empruntée à un verre décoratif pailleté appelé avventura, verre auquel la pierre ressemble.

Pistes d'interprétation

- **Aventurine au centre/en maison une**
  Votre enthousiasme lors de l'analyse d'une situation peut être excessif et vous déconcentrer.
- **Aventurine au sud-est/en maison deux**
  La prudence en matière d'argent vous aidera à résister à la tentation d'en dépenser.
- **Aventurine à l'est/en maison trois**
  La liberté de parole est essentielle si vous souhaitez continuer à exprimer vos opinions.

- **Aventurine au nord/en maison quatre**
  Des adaptations au foyer vous permettront de gagner de l'espace ou de la liberté.
- **Aventurine à l'ouest/en maison cinq**
  Ne négligez pas les petites opportunités du quotidien.
- **Aventurine en maison six**
  Si vous vous sentez piégé·e, effectuez des changements mineurs pour faire baisser la pression avant d'agir.
- **Aventurine au sud-ouest/en maison sept**
  Il faut du temps aux personnes récemment entrées dans votre vie pour vous connaître, et vous avez besoin de temps pour leur faire confiance.
- **Aventurine en maison huit**
  Examinez tout en détail afin de savoir où vous en êtes.
- **Aventurine au nord-est/en maison neuf**
  Cela vaut sans doute la peine de prendre un risque, mais soyez à l'affût des éléments cachés.
- **Aventurine au sud/en maison dix**
  Impliquez-vous émotionnellement dans la situation sans rien attendre en retour.
- **Aventurine au nord-ouest/en maison onze**
  Vous aurez sans doute envie de tourner le dos aux autres pour agir seul·e.
- **Aventurine en maison douze**
  Modifier votre façon de penser peut être la manière la plus facile de déclencher de nouveaux événements.

Personnalité

La personne représentée par cette pierre est optimiste, intelligente, équilibrée et perspicace. Elle pratique probablement la méditation associée à la visualisation.

Énergie

Hasard, liberté, opportunités.

Propriétés thérapeutiques et spirituelles

L'aventurine verte est sans doute la pierre la plus équilibrante du chakra du cœur. Elle favorise le calme, les pensées positives et contribue à chasser la souffrance émotionnelle d'une manière efficace et douce. Quelle que soit sa couleur, l'aventurine purifie et chasse les pensées négatives tout en activant les qualités vitales positives. Elle peut contribuer à dissiper les inquiétudes et les peurs liées à l'enfance, et se révèle utile à certaines pratiques spirituelles, à commencer par la méditation et la visualisation créative. Dans la médecine tibétaine traditionnelle, l'aventurine sert à améliorer la vue, la perception, la clarté d'esprit et la créativité.

Les variétés brun doré de l'aventurine sont les plus efficaces au niveau du plexus solaire : elles renforcent la confiance en soi et donnent une vision optimiste de la vie.

Interprétation divinatoire

La présence de l'aventurine lors d'une séance de prédiction indique l'apparition possible de nouvelles opportunités. À l'image des reflets brillants à l'intérieur de la pierre, il faut les chercher avec soin, car elles sont susceptibles de survenir quand vous vous y attendez le moins.

Dans une position favorable, l'aventurine offre l'opportunité de la liberté, d'un nouveau départ ou d'une nouvelle voie à emprunter. Dans une position défavorable, elle peut suggérer que le·la consultant·e refuse de voir certaines possibilités permettant d'améliorer la situation actuelle. Il faut prêter davantage attention aux détails, car ils peuvent vous permettre d'avancer.

La malachite

La malachite est un minerai de cuivre.
On l'appelle également roche verte, minerai de velours ou cuivre soyeux, à cause de ses nuances de couleurs et de ses étranges formes.

COULEURS	**bandes concentriques vert clair et vert foncé**
DURETÉ	**3,5/4**
PROPRIÉTÉS	**détoxifiante, apaisante**
CHAKRA PRINCIPAL	**du cœur**

La malachite est un minéral mou souvent associé à l'azurite bleue. Ces deux minéraux proviennent de la décomposition du minerai de cuivre due à l'exposition à l'air et à l'eau, ce qui en fait un bon indicateur de la présence de cuivre. La malachite forme rarement des cristaux mais plutôt des nodules d'un vert profond et soyeux. Ses bandes concentriques colorées en font une pierre décorative de choix malgré sa friabilité.

Histoire et mythe

Le nom malachite vient du nom grec *maloche* signifiant « mauve » et désignant une plante dont le vert des feuilles est similaire à la pierre.

Depuis l'époque classique, la malachite sert d'amulette protectrice. Sculptée en forme de soleil, elle était censée protéger du mal, des esprits malveillants et des animaux venimeux. Les motifs concentriques de la malachite ressemblent à un œil ; elle servait donc naturellement de protection contre le mauvais œil, c'est-à-dire la malédiction d'une sorcière ou d'un·e ennemi·e. Dans l'Antiquité, les Égyptiens extrayaient la pierre à des fins décoratives et l'exploitaient comme pigment vert.

Pistes d'interprétation

- **Malachite au centre/en maison une**
  Il sera difficile en ce moment de cacher aux autres toute jalousie ou envie.
- **Malachite au sud-est/en maison deux**
  Repensez votre manière de voir les choses sans être fataliste.
- **Malachite à l'est/en maison trois**
  Veillez à ce que vos réactions immédiates relèvent davantage de la logique que de la peur et de la colère.

- **Malachite au nord/en maison quatre**
  Les personnes âgées n'ont pas les mêmes conceptions que vous. Acceptez leurs opinions.
- **Malachite à l'ouest/en maison cinq**
  Faites des activités que vous appréciez pour réduire votre niveau de stress.
- **Malachite en maison six**
  N'ignorez pas vos problèmes de santé, en particulier s'ils sont héréditaires.
- **Malachite au sud-ouest/en maison sept**
  Laissez vos partenaires apaiser vos craintes.
- **Malachite en maison huit**
  Pardonnez, vous souffrirez moins.
- **Malachite au nord-est/en maison neuf**
  Déployez vos ailes et éloignez-vous des schémas de pensée qui vous emprisonnent depuis si longtemps.
- **Malachite au sud/en maison dix**
  Si vous avez l'impression que vos ambitions sont contrariées, examinez vos prétentions.
- **Malachite au nord-ouest/en maison onze**
  Vous aurez sans doute besoin d'affûter votre défense, car les autres vous voient comme la cause de leurs problèmes.
- **Malachite en maison douze**
  Ce n'est pas le moment de modifier les situations en catimini, car vous n'avez pas une vision globale des choses.

Personnalité

Positive, la personne en lien avec la malachite est apaisante et cherche à soulager la souffrance d'autrui. Négative, elle est peu fiable, pleine de ressentiment et veut tout contrôler.

Énergie

Calmante, apaisante, analgésique.

Propriétés thérapeutiques et spirituelles

Pierre absorbante, la malachite est excellente pour éliminer les déséquilibres du corps. Elle sert aussi à diminuer les douleurs inflammatoires et à calmer les maux mineurs.

La malachite est particulièrement efficace pour corriger les déséquilibres émotionnels ; elle contribue ainsi à calmer le chakra du cœur. La malachite aide également à purifier le corps de ses toxines. Il faut néanmoins être vigilant·e car, ingérée, la poussière de malachite est toxique.

Interprétation divinatoire

Lors d'une séance de prédiction, la malachite suggère de prendre en considération plusieurs niveaux émotionnels et indique qu'il est nécessaire de mieux maîtriser ses problèmes émotionnels. Cette pierre sous-entend qu'il faut désormais se débarrasser des vieux schémas, des souvenirs et des liens. La croissance et la volonté à aller de l'avant dépendent de votre faculté à pardonner, voire à oublier. Il est nécessaire de comprendre, de pardonner et de se débarrasser des situations douloureuses. Dans le cas contraire, le passé vous emprisonnera.

Dans de nombreuses cultures antiques, le mauvais œil était une forme commune de malédiction engendrée par des pensées malveillantes envers une personne, dues à la jalousie ou à d'autres émotions négatives. Assurez-vous que vous ne voulez pas de mal à autrui et faites attention à ne pas être l'objet de fortes émotions négatives. Garder rancune à quelqu'un et le blâmer est tout aussi nocif pour vous que pour la personne concernée.

La malachite nous apprend que nos actions possèdent plusieurs niveaux et différents degrés. En position favorable, elle indique un espace protégé, sans influence négative, où il est possible de se sentir libre et de grandir.

L'amazonite

L'amazonite est une variété de feldspath, minéral le plus commun de la croûte terrestre.

COULEUR	**bleu-vert avec des stries plus claires**
DURETÉ	**6/6,5**
PROPRIÉTÉS	**calmante, communicative**
CHAKRAS PRINCIPAUX	**de la gorge, du cœur**

Le feldspath est une famille complexe de minéraux incluant de nombreuses pierres colorées et utiles. L'amazonite constitue l'un de ses membres les plus facilement identifiables grâce à sa couleur caractéristique bleu-vert. Le microcline est le nom scientifique de l'amazonite. Les cristaux d'amazonite sont particulièrement faciles à identifier : ils forment des prismes colonnaires plats, clairement liés, d'apparence massive et la plupart du temps imbriqués.

Le mot amazonite vient du fleuve Amazone, situé en Amérique du Sud, bien que l'on y trouve du jade et non de l'amazonite. Pierre semi-précieuse appréciée, cette dernière est souvent utilisée pour fabriquer des perles et des cabochons. La présence de lignes mouchetées, zébrées ou parallèles, d'un vert plus clair ou plus foncé, dues à des atomes de plomb dans le réseau cristallin, la rend facilement identifiable.

Histoire et mythe

Dans l'Antiquité, les Égyptiens employaient fréquemment l'amazonite ou *uat* (ainsi l'appelaient-ils), pour la sculpture. Par sa couleur, elle ressemble à la turquoise, parfois même à l'émeraude ou au jade. Les couleurs de ces pierres étaient associées à l'au-delà, à la fertilité et à la protection contre les forces malveillantes. Si l'on en croit les descriptions du livre de l'Exode, l'amazonite faisait partie des pierres figurant sur le plastron d'Aaron.

Pistes d'interprétation

- **Amazonite au centre/en maison une**
  Vous devez vous montrer ouvert·e et vous intéresser à toutes les possibilités.
- **Amazonite au sud-est/en maison deux**
  Dans la situation actuelle, les facteurs financiers sont essentiels.
- **Amazonite à l'est/en maison trois**
  Faites savoir avec clarté et précision ce que vous pensez et ce que vous ressentez.

- **Amazonite au nord/en maison quatre**
  Vous devez renforcer les bases pour soutenir une expansion plus large.
- **Amazonite à l'ouest/en maison cinq**
  Essayez de nouveaux hobbies ou acquérez de nouvelles compétences afin d'élargir vos connaissances et d'avoir un choix plus étendu.
- **Amazonite en maison six**
  Gardez une vision globale et extérieure sur votre travail même si la tâche semble difficile.
- **Amazonite au sud-ouest/en maison sept**
  Dans toutes les discussions de couple, adoptez une approche optimiste et légère tout en restant sincère.
- **Amazonite en maison huit**
  Les restrictions imposées par la société peuvent bloquer vos choix.
- **Amazonite au nord-est/en maison neuf**
  Les obstacles vous paraîtront évidents de sorte que vous pourrez les gérer facilement.
- **Amazonite au sud/en maison dix**
  Préparez-vous à sortir de votre routine et à faire de nouvelles expériences.
- **Amazonite au nord-ouest/en maison onze**
  Votre opinion est nécessaire en société.
- **Amazonite en maison douze**
  L'agitation est sans doute à son comble et vous vous sentez piégé·e. Cela passera vite si vous vous détendez.

Personnalité

L'amazonite représente une personne curieuse qui s'intéresse à de nombreux sujets et qui a soif de connaissances. Elle est intellectuelle et sait communiquer.

Énergie

Extravertie, curieuse.

Propriétés thérapeutiques et spirituelles

La couleur de l'amazonite l'associe aux chakras de la gorge et du cœur. C'est une pierre apaisante qui contribue à équilibrer et à renforcer le système nerveux. Elle a tendance à accroître la mémoire, la communication et les fonctions cérébrales.

À l'instar des pierres turquoise et vertes, l'amazonite stimule les facultés psychiques et la sensibilité subtile. Elle peut même parfois réveiller la conscience d'événements qui se sont produits dans un passé lointain, appelée mémoire à long terme. Les images et les sensations suscitées par cette mémoire ont généralement un lien avec les circonstances actuelles de la vie de la personne.

Interprétation divinatoire

Les énergies de la gorge et du cœur s'associent dans cette pierre pour influencer l'expression personnelle et la créativité. Lors d'une séance de prédiction, l'amazonite met l'accent sur le partage des points de vue, le fait d'être pris·e en compte et l'exploration de nouvelles expériences.

L'amazonite indique une phase d'expansion et d'ouverture motivée par un désir sincère de comprendre et d'apprendre. Elle cherche également à clarifier où la personne se situe dans sa vie, puis à préciser quel est son but dans l'existence. Cette pierre suggère qu'il est temps de vous lancer dans des projets ou des défis dont vous rêvez depuis longtemps, d'étendre votre horizon et d'oser être différent·e.

L'aigue-marine

L'aigue-marine est une variété précieuse de béryl d'un bleu-vert translucide.

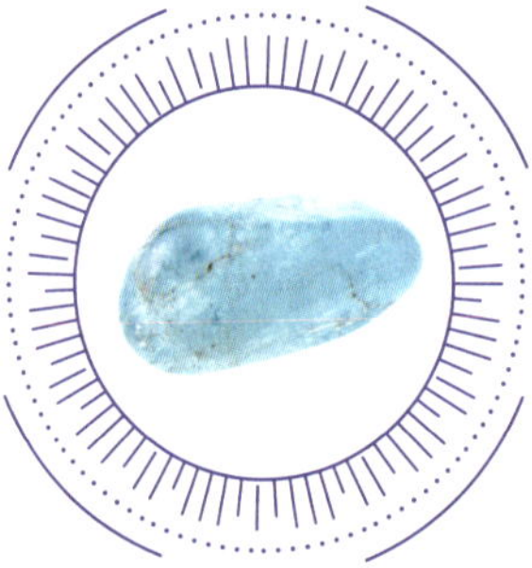

COULEURS	**bleue, bleu-vert**
DURETÉ	**7,5/8**
PROPRIÉTÉS	**expressive, purifiante**
CHAKRA PRINCIPAL	**de la gorge**

Comme tous les béryls, l'aigue-marine se développe au sein des pegmatites et peut former de gros cristaux hexagonaux. Ceux-ci contiennent généralement des cavités parallèles remplies de gaz et d'air. De plus, comme dans les autres béryls, les inclusions d'oxydes de fer et de mica sont fréquentes.

L'aigue-marine présente un dichroïsme, c'est-à-dire que sous certains angles son bleu intense disparaît presque. Cette caractéristique permet de repérer les nombreuses imitations. La présence d'atomes de fer au sein du réseau cristallin est à l'origine de la couleur bleue de l'aigue-marine. Comme la plupart des bijoutiers préfèrent certaines nuances particulières de cristaux bleus, les teintes moins prisées peuvent être moins coûteuses.

Histoire et mythe

La couleur de l'aigue-marine la relie à l'élément eau et tout particulièrement à la mer. À partir du IIIe siècle avant J.-C., les Grecs et les Romains ont utilisé cette pierre comme porte-bonheur durant les voyages en mer. Ils portaient des camées sculptés à l'image de Poséidon, le dieu de la mer représenté avec son trident. Outre le fait que l'aigue-marine symbolise le bonheur et l'espoir, elle était également associée à l'amour et à l'amitié, de même que l'émeraude.

Pistes d'interprétation

- **Aigue-marine au centre/en maison une**
  Soyez prêt·e à offrir votre soutien et à tenir compagnie à ceux·celles qui en ont besoin.
- **Aigue-marine au sud-est/en maison deux**
  Examinez vos motivations personnelles avant d'accuser les autres.

- **Aigue-marine à l'est/en maison trois**
  Les circonstances peuvent exiger beaucoup de discussions.
- **Aigue-marine au nord/en maison quatre**
  N'ignorez pas vos proches au profit d'une vie sociale active.
- **Aigue-marine à l'ouest/en maison cinq**
  Sortez et amusez-vous avec vos ami·es.
- **Aigue-marine en maison six**
  Ne prenez pas votre travail trop au sérieux. Aidez les autres afin que l'atmosphère continue à être agréable.
- **Aigue-marine au sud-ouest/ en maison sept**
  Des fêtes avec vos proches sont à envisager dans un avenir proche.
- **Aigue-marine en maison huit**
  Votre soutien est nécessaire à votre entourage en ce moment.
- **Aigue-marine au nord-est/en maison neuf**
  Vous allez probablement bientôt faire un voyage d'agrément sur l'eau.
- **Aigue-marine au sud/en maison dix**
  Veillez à ce que vos projets incluent tou·tes ceux·celles qui souhaitent se joindre à vous.
- **Aigue-marine au nord-ouest/ en maison onze**
  Les commérages peuvent assombrir vos relations avec vos ami·es ou avec d'autres personnes.
- **Aigue-marine en maison douze**
  Prenez un peu de recul pour observer ce qui se passe vraiment.

Personnalité

L'aigue-marine représente une personne amicale, bavarde et prête à aider les autres. Elle peut être connectée d'une manière ou d'une autre à la mer.

Énergie

Conviviale, sympathique.

Propriétés thérapeutiques et spirituelles

L'aigue-marine peut stimuler de manière significative le système immunitaire. Elle corrige les problèmes de vue, atténue les douleurs d'origine rénale et soigne la rétention de liquide dans le corps. Elle possède une action purifiante et aide le corps à lutter contre les infections. Elle peut néanmoins faire réapparaître de vieux symptômes avant de les éliminer définitivement.

Ce cristal apporte de l'énergie au chakra de la gorge, et favorise l'expression créative et la communication. Il aiguise l'esprit, calme et clarifie les émotions, favorise l'optimisme, l'espoir et l'inspiration.

Interprétation divinatoire

Lors d'une séance de prédiction, l'aigue-marine évoque la communication. Dans une position favorable, l'aigue-marine suggère la convivialité, la sympathie ainsi que la joie et l'optimisme partagés avec les proches. Entourée par des énergies négatives, elle peut néanmoins indiquer que des cancans indélicats ou la propagation de mensonges sont la source de problèmes. Mais il est important de ne pas trop s'impliquer émotionnellement. En d'autres termes, il faut garder la tête froide et prendre du recul. Dans certaines positions, l'aigue-marine peut faire référence à un voyage sur l'eau.

La turquoise

Dans de nombreuses cultures antiques, la turquoise servait d'amulette protectrice et symbolisait la richesse.

COULEURS	**bleu clair, bleu-vert, verte**
DURETÉ	**5/6**
PROPRIÉTÉS	**fortifiante, secourable**
CHAKRA PRINCIPAL	**de la gorge**

La turquoise se forme quand de l'eau entre en contact et agit sur un mélange de cuivre et d'aluminium. Les cristaux qui en résultent sont minuscules et se présentent généralement sous forme massive ou de granules. La couleur bleue de la pierre vient de sa teneur en cuivre, alors que les nuances vertes sont dues aux impuretés. Il est facile d'identifier géographiquement la turquoise par son aspect. Son apparence peut même permettre de reconnaître des mines isolées.

La turquoise est très poreuse et absorbe facilement l'huile et la saleté. La chaleur et les rayons du Soleil modifient souvent sa couleur. On l'imprègne généralement de cire ou de résine pour en fixer la couleur et diminuer sa porosité. En effet, elle passe parfois du bleu clair au bleu terne.

Histoire et mythe

Dans l'Antiquité, les Égyptiens extrayaient la turquoise dans la péninsule du Sinaï, à proximité de la mer Rouge. Elle était également extraite en Perse. Les Ottomans appréciaient cette pierre et, même si quelques turquoises ont été trouvées en Anatolie, ils ont dû poursuivre le marchandage – souvent difficile – avec les tribus qui contrôlaient les opérations minières. Cette demande faisait de la turquoise une pierre précieuse et coûteuse. Elle a pénétré sur les marchés européens via la Turquie et est connue depuis le XIIIe siècle sous le nom de turquoise, c'est-à-dire « la pierre turque ».

En Perse, la turquoise servait à protéger les hommes et les chevaux des chutes, puis des blessures. Voici ce qui est écrit dans un ouvrage perse du XIIIe siècle consacré aux vertus des pierres : « Quiconque possède une vraie turquoise sertie dans l'or ne souffrira d'aucune blessure en cas de chute à pied ou à cheval, à condition de porter la pierre. »

Historiquement, la turquoise était une pierre populaire en Europe et les hommes la portaient traditionnellement sous forme de bague. Les Amérindiens – notamment dans les États du sud-ouest où l'on trouvait des turquoises – utilisaient cette pierre pour les aider lors de la chasse. Les thérapeutes et les chamans s'en servaient également comme protection contre les esprits malveillants. Les Aztèques et les Mayas offraient des turquoises aux dieux. En Chine comme au Tibet, elle se porte depuis longtemps comme amulette porte-bonheur ou en bijou, car elle est un symbole de richesse.

Pistes d'interprétation

- **Turquoise au centre/en maison une**
  Montrez-vous prudent·e dans votre façon de réagir face aux personnes et aux événements.
- **Turquoise au sud-est/en maison deux**
  Votre niveau d'énergie n'est sans doute pas optimal, apprenez donc à vous ménager.
- **Turquoise à l'est/en maison trois**
  Dites ce que vous avez à dire et non ce que les autres souhaitent entendre.
- **Turquoise au nord/en maison quatre**
  Vérifiez la sécurité de votre habitat. Veillez à ne pas dépasser vos limites émotionnelles.
- **Turquoise à l'ouest/en maison cinq**
  Laissez les instincts guider vos activités créatives.
- **Turquoise en maison six**
  Prenez soin de vous : mangez équilibré et ne travaillez pas trop.
- **Turquoise au sud-ouest/en maison sept**
  Prêtez attention à vos souhaits quand vous prenez des décisions.
- **Turquoise en maison huit**
  Veillez à ne pas dépasser votre budget en ce moment.
- **Turquoise au nord-est/en maison neuf**
  Les professeur·es et les guides peuvent vous aider à clarifier vos pensées ainsi que vos sentiments.
- **Turquoise au sud/en maison dix**
  Veillez à disposer d'une position de repli sûre.
- **Turquoise au nord-ouest/en maison onze**
  Des ami·es peuvent vous aider à retrouver le sens de la sécurité.
- **Turquoise en maison douze**
  Concentrez-vous sur l'aspect spirituel de votre vie.

Personnalité

Assurée et indépendante, la personne en lien avec la turquoise est douée pour le monde physique mais est aussi ancrée dans le monde spirituel. Elle est vraisemblablement guide, professeure ou thérapeute.

Énergie

Protectrice, immunisante.

Propriétés thérapeutiques et spirituelles

Pierre bleue teintée de vert, la turquoise agit naturellement au niveau du chakra de la gorge. Elle stimule notamment les énergies subtiles de la zone située à mi-chemin entre le cœur et la gorge, qui joue un rôle important dans le système immunitaire. La turquoise renforce en général tous les systèmes corporels et protège contre les forces malveillantes en assurant un niveau d'énergie élevé. Les effets de la négativité et de la pollution environnementale sont réduits et, comme pour beaucoup de pierres vertes ou turquoise, la sensibilité extralucide et la connexion avec le monde des esprits sont renforcées.

Interprétation divinatoire

La présence de la turquoise lors d'une séance de prédiction met en avant la nécessité de prendre des précautions pour assurer sa sécurité personnelle. Soyez vigilant·e et préparez-vous à faire face à des difficultés, même imprévues. La pierre n'indique cependant pas un danger. Elle signifie simplement que la situation exige une attention particulière. En position favorable, la turquoise peut signifier que tout fonctionne harmonieusement. Tous les facteurs sont équilibrés et il règne une atmosphère générale d'optimisme. La turquoise indique aussi que vous devez faire part de vos sentiments et de vos préférences pour que les choses se déroulent de manière optimale. Si la santé est préoccupante, la turquoise peut prévenir qu'il faut surveiller le niveau du stress environnemental, et notamment la pollution, les radiations électromagnétiques, le bruit et les émotions négatives.

La sodalite

On peut facilement confondre la sodalite avec son cousin, le lapis-lazuli, d'autant que les deux cristaux sont parfois associés.

COULEUR	**bleu foncé avec des veines blanches et des inclusions**
DURETÉ	**5,5/6**
PROPRIÉTÉS	**paisible, clarifiante, perceptive**
CHAKRAS PRINCIPAUX	**frontal et de la gorge**

La sodalite tire son nom de sa teneur élevée en sodium et elle est proche de plusieurs autres aluminosilicates à la structure similaire. On la trouve généralement sous une forme massive microcristalline. Les cristaux sont rares. Les variétés bleu foncé constituent des pierres précieuses prisées depuis longtemps et servent parfois d'alternative au lapis-lazuli, bien qu'il soit aisé de distinguer la sodalite par ses veines blanches, son bleu légèrement plus foncé et l'absence de pyrites.

Histoire et mythe

La sodalite ne fut pas considérée comme un minéral à part entière avant le XIXe siècle, mais on l'utilise néanmoins depuis des siècles pour fabriquer des perles. Elle se nommait sans doute saphir au Moyen Âge, comme presque toutes les pierres bleu foncé.

Pistes d'interprétation

- **Sodalite au centre/en maison une**
  Vous assumerez peut-être le rôle de médiateur·ice ou de pacificateur·ice.
- **Sodalite au sud-est/en maison deux**
  Apprenez à vous accepter tel·le que vous êtes.
- **Sodalite à l'est/en maison trois**
  Préparez-vous à agir comme intermédiaire pour divers groupes.
- **Sodalite au nord/en maison quatre**
  Faites ce qui est en votre pouvoir pour que la paix règne au sein de votre foyer.

- **Sodalite à l'ouest/en maison cinq**
  Vous avez beaucoup de temps à consacrer aux loisirs et à la relaxation. Amusez-vous !
- **Sodalite en maison six**
  Saisissez fermement les nouvelles opportunités professionnelles.
- **Sodalite au sud-ouest/en maison sept**
  Écoutez ce que disent les autres avant d'exprimer vos opinions.
- **Sodalite en maison huit**
  On vous incite à prendre de nouveaux engagements financiers. Réfléchissez bien avant d'agir et ne diversifiez pas trop vos activités.
- **Sodalite au nord-est/en maison neuf**
  Assurez-vous qu'un maximum de personnes entendent votre message.
- **Sodalite au sud/en maison dix**
  Préparez-vous à élargir votre horizon davantage que vous ne l'auriez cru possible.
- **Sodalite au nord-ouest/en maison onze**
  Vous pourrez mettre fin à des querelles en parlant à tou·tes ceux·celles qui sont impliqué·es.
- **Sodalite en maison douze**
  Prêtez attention à vos instincts, à vos intuitions et à vos rêves.

Personnalité

La sodalite représente une personne qui a des liens étroits avec les technologies de communication. Son intérêt principal réside dans l'échange d'informations. Elle est réservée sur le plan émotionnel et maîtresse d'elle-même.

Énergie

Médiatrice, communicatrice.

Propriétés thérapeutiques et spirituelles

La sodalite est en harmonie avec les chakras frontal et de la gorge. C'est une pierre de clarification qui équilibre les émotions et stabilise les pensées. Très apaisante, elle constitue une aide non négligeable à la méditation et à la contemplation. Ses veines blanches font d'ailleurs penser à la composition de l'Univers.

La sodalite sert à renforcer le système lymphatique et donc les fonctions immunitaires. Sa teneur élevée en sodium est bénéfique pour les fluides corporels.

Interprétation divinatoire

La présence de sodalite lors d'une séance de prédiction est synonyme de communication à grande échelle, à la fois entre les peuples et les pays éloignés. Des messages sont constamment échangés grâce à diverses méthodes, en particulier les câbles, les ondes, les fils et les satellites, ou encore grâce aux esprits.

La sodalite agit également comme un médiateur et un pacificateur. Sa présence lors d'une séance de prédiction symbolise donc une rencontre intellectuelle. Attendez-vous à de nouvelles opportunités et à des informations susceptibles d'apporter des solutions, et soyez prêt·e à jouer votre rôle. Si vous ne recevez pas les messages que vous attendiez, il est peut-être nécessaire de contacter les autres personnes impliquées dans la situation et de continuer à dialoguer.

La sodalite peut également suggérer un état de paix et de satisfaction, mais pas d'isolement. Ainsi, vous vous trouverez peut-être à l'écart, mais vous ne vous sentirez pas seul·e. Ce peut être l'opportunité rêvée d'étudier et de se livrer à des recherches.

Le lapis-lazuli

Le lapis-lazuli est une pierre précieuse bleu foncé qui contient, parmi d'autres minéraux, de la lazurite.

COULEUR	**bleu foncé avec des taches blanches et dorées**
DURETÉ	**5,5**
PROPRIÉTÉS	**souvenir, méditation, conscience**
CHAKRAS PRINCIPAUX	**frontal et de la gorge**

Le lapis-lazuli apparaît lorsque du calcaire entre en contact avec de la calcite et de la pyrite, formant ainsi un nouveau minéral bleu foncé appelé lazurite. Roche métamorphique plutôt que minéral, le lapis-lazuli se compose de cristaux de lazurite compacts entremêlés de dolomite blanche, de calcite, de grains de pyrite jaune et de sodalite bleue. Les cristaux de lazurite sont moins communs que la roche elle-même.

Histoire et mythe

L'Afghanistan a toujours constitué l'un des principaux gisements de lapis-lazuli, et on y a extrait les plus belles pierres bleu foncé. Le Chili, l'Italie, la Russie et l'Argentine comptent parmi les autres sites d'extraction.

Le nom de cette pierre précieuse vient du latin – *lapis* signifiant « pierre » – et du mot persan la désignant, *lajuward*, dont dérive également le mot azur. Dans l'Antiquité, certaines autorités utilisaient le terme *sapphirus* ou saphir pour parler du lapis-lazuli.

Dans l'Égypte ancienne, le lapis-lazuli nommé *chesbet* était consacré à la déesse Maat, déesse de la vérité et de l'équilibre, et porté par le grand prêtre pour invoquer son sens de la justice. Les Égyptiens se servaient également de lapis-lazuli pour sculpter des scarabées et des cylindres, ainsi que pour décorer les temples et les vêtements royaux. Les soldats romains portaient des bagues serties de lapis-lazuli censées leur apporter courage et protection. La pierre était aussi pilée pour fabriquer le pigment connu sous le nom d'outremer.

Pistes d'interprétation

- **Lapis-lazuli au centre/en maison une**
  Il est important de vous montrer juste et impartial·e dans vos démarches.
- **Lapis-lazuli au sud-est/en maison deux**
  Faites preuve de prudence si vous jugez les gens ou les situations d'après des critères personnels.

- **Lapis-lazuli à l'est/en maison trois**
  Ne vous laissez pas aller aux commérages.
- **Lapis-lazuli au nord/en maison quatre**
  Les souvenirs lointains vous aideront peut-être à prendre du recul par rapport aux événements actuels.
- **Lapis-lazuli à l'ouest/en maison cinq**
  Prenez le temps d'apprécier la beauté de la nature.
- **Lapis-lazuli en maison six**
  Ne prenez pas de décisions précipitées sans avoir tous les éléments en main.
- **Lapis-lazuli au sud-ouest/en maison sept**
  Dans la situation actuelle, les deux partenaires doivent faire preuve d'honnêteté.
- **Lapis-lazuli en maison huit**
  Il faudra faire quelques efforts pour découvrir la vérité.
- **Lapis-lazuli au nord-est/en maison neuf**
  Vous devez défendre la vérité même si vous êtes seul·e à le faire.
- **Lapis-lazuli au sud/en maison dix**
  N'écrasez pas les autres pour atteindre vos objectifs. Les conséquences seraient préjudiciables à vos ambitions.
- **Lapis-lazuli au nord-ouest/en maison onze**
  Veillez à éviter les excès en tout genre dans votre vie sociale.
- **Lapis-lazuli en maison douze**
  Vous devez trouver un espace calme, loin de l'agitation du monde.

Personnalité

La personne en lien avec le lapis-lazuli est sérieuse, réfléchie et travaille peut-être dans l'enseignement à un niveau élevé. Elle peut aussi avoir un lien avec la loi.

Énergie

Sincère, sérieuse.

Propriétés thérapeutiques et spirituelles

Le lapis-lazuli est profondément équilibrant et particulièrement efficace sur les chakras frontal et de la gorge. Il peut chasser le stress et les traumatismes du corps, bien que le processus de purification s'accompagne parfois d'une certaine gêne.

Il favorise les qualités spirituelles de silence profond et de mise en perspective pouvant troubler ceux·celles qui ne sont pas habitué·es à ces sensations. L'intuition profonde et l'inspiration viennent néanmoins de là.

Le lapis-lazuli peut aussi permettre d'accéder à des niveaux d'équilibre et de vérité universels qui vont bien au-delà des concepts individuels de bien et de mal. Il excelle à soigner les blessures chroniques ou profondes.

Interprétation divinatoire

Le lapis-lazuli indique que la vérité est essentielle si l'on veut atteindre le succès. L'honnêteté, la communication franche et la clarté permettent à toutes les énergies de circuler librement. Cette pierre peut aussi révéler la nécessité de creuser pour découvrir la vérité d'une situation. Dans certains cas, elle peut faire référence au fonctionnement de la loi et de l'autorité au sein de la société.

Pierre d'enseignement, le lapis-lazuli peut aussi symboliser une période d'études et d'apprentissages. Dans une position liée à la spiritualité personnelle, il suggère une profonde réflexion, de la méditation, un lien avec le passé lointain et les souvenirs importants. Quelle que soit sa position, le lapis-lazuli a une influence équilibrante, sobre et profonde.

L'azurite

Les cristaux bleu électrique d'azurite ont longtemps constitué une source précieuse de pigments pour les artistes.

COULEURS	**bleue, bleu foncé**
DURETÉ	**3,5/4**
PROPRIÉTÉS	**intégration, conscience, compréhension**
CHAKRA PRINCIPAL	**frontal**

L'azurite est un minéral secondaire qui se forme à partir de l'oxydation du cuivre. Au fil du temps, elle absorbe de l'eau et se transforme en malachite verte. On trouve souvent les deux minéraux ensemble dans le sol, où ils forment une roche bleu-vert.

Les cristaux d'azurite sont rares mais extrêmement beaux. Les bords de ses lames bleu foncé reflètent la lumière et arborent un bleu électrique époustouflant. L'azurite se présente généralement comme une concrétion poudreuse d'un bleu myosotis plus clair. Bien que dérivée du cuivre, l'azurite est rarement utilisée comme source commerciale de ce métal.

Histoire et mythe

Le terme azurite est dérivé de la couleur azur. Autrefois, les mineurs et les ferronniers qui reconnaissaient ce minéral savaient qu'ils avaient de grandes chances de trouver du cuivre exploitable à proximité. L'azurite s'emploie comme pierre précieuse et ornementale malgré sa friabilité, simplement à cause de sa couleur magnifique. Elle a tendance à être un peu plus robuste lorsqu'elle est associée à de la malachite.

Au Moyen Âge et à la Renaissance, l'azurite servait à fabriquer du pigment bleu appelé bleu montagneux ou pierre arménienne. Ce pigment peut se gorger d'eau au fil du temps, passant du bleu au vert, ce qui explique pourquoi les tableaux du XIIIe siècle comportent parfois des nuances singulières.

Pistes d'interprétation

- **Azurite au centre/en maison une**
  Essayez d'être plus ouvert·e à l'opinion d'autrui.
- **Azurite au sud-est/en maison deux**
  Laissez les changements se produire même si vous doutez du résultat.

- **Azurite à l'est/en maison trois**
  Communiquez rapidement pour que les choses se passent bien.
- **Azurite au nord/en maison quatre**
  Essayez de vous détendre même si les événements vont trop vite pour vous.
- **Azurite à l'ouest/en maison cinq**
  Prenez le temps de pratiquer des activités qui vous calment.
- **Azurite en maison six**
  Un massage thérapeutique est nécessaire à l'heure actuelle.
- **Azurite au sud-ouest/en maison sept**
  Rapprochez-vous de ceux·celles à qui vous tenez. Écoutez leurs inquiétudes.
- **Azurite en maison huit**
  La sensibilité aux sentiments des autres vous aidera à localiser les zones nécessitant des soins.
- **Azurite au nord-est/en maison neuf**
  Donnez-vous pour objectif d'en savoir davantage sur les techniques thérapeutiques qui vous intéressent.
- **Azurite au sud/en maison dix**
  Vous devez envisager de changer totalement de direction et d'objectifs.
- **Azurite au nord-ouest/en maison onze**
  Il est nécessaire de traiter les problèmes encore non résolus.
- **Azurite en maison douze**
  Expérimentez des techniques qui calment l'esprit et qui détendent le corps.

Personnalité

La personne liée à l'azurite est thérapeute de profession ou dans son comportement de tous les jours. Cet individu mystérieux et énigmatique a le pouvoir d'élever une situation.

Énergie

Curative, empathique, mutable.

Propriétés thérapeutiques et spirituelles

L'éclat foncé de l'azurite accélère la vibration de toutes les énergies vers le domaine spirituel. Les pierres bleues tendent à être apaisantes et calmantes, mais l'azurite possède un pouvoir de transformation et de mobilité. Elle est également connue pour stimuler les niveaux profonds de conscience et pour accroître les facultés de communication subtile telles l'intuition, la créativité et l'inspiration. Elle favorise aussi la compréhension.

L'azurite a la capacité d'éliminer les stress profonds et peut contribuer à soigner les maux causés par une rupture de communication entre les différents systèmes corporels. La sécurité et la meilleure circulation de l'énergie apportées par l'azurite en font une pierre importante pour les thérapeutes, même en devenir.

Interprétation divinatoire

L'azurite donne des résultats rapides dans le secteur où elle apparaît. Elle a la capacité d'améliorer et de transformer les situations difficiles et bloquées, favorisant la compréhension et l'acceptation à des niveaux thérapeutiques élevés. Dans les domaines de conflit, l'azurite suggère qu'une solution est à portée de main.

Elle apporte un niveau de conscience élevé, instaure une stabilité calme mais dynamique, et donne de l'assurance. Dans les situations verrouillées ou bloquées, l'azurite suggère que des changements sont imminents et qu'un nouveau flux d'énergie plus créatif est sur le point d'apparaître.

Elle indique aussi qu'un renforcement de la communication et de la compréhension peut susciter une profonde empathie susceptible de résoudre un conflit. Des transformations et des changements peuvent également se produire. Il est donc nécessaire de demeurer à la fois flexible et conscient·e.

La célestite

La célestite est un cristal translucide friable d'un bleu ciel splendide, doté d'énergies puissantes.

COULEURS	**bleu ciel, grise, transparente**
DURETÉ	**3/3,5**
PROPRIÉTÉS	**légère, méditative, vaste**
CHAKRAS PRINCIPAUX	**couronne, frontal et de la gorge**

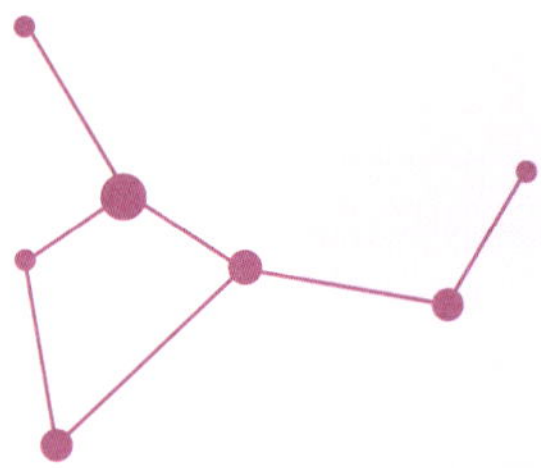

La célestite se forme dans les veines hydrothermales ainsi qu'au sein des roches ignées et sédimentaires. Elle est généralement le produit de l'activité volcanique, notamment en bord de mer, et se présente sous forme de cristaux tabulaires ou colonnaires à section souvent losangique.

Histoire et mythe

Le nom célestite, ou célestine, est issu du terme latin *caelestis* signifiant « céleste », en référence au bleu magnifique de ses cristaux. En Inde, elle avait traditionnellement une fonction religieuse. Les prêtres du Bengale jetaient en effet de la poudre de célestite dans le feu afin de produire de grandes flammes cramoisies. De nos jours, cette inflammabilité due au strontium est largement exploitée par l'industrie pour fabriquer des feux d'artifice, des fusées éclairantes et des balles traçantes. La célestite est également employée dans l'industrie alimentaire ou encore pour fabriquer du verre et des céramiques.

Pistes d'interprétation

- **Célestite au centre/en maison une**
  Faites un effort particulier pour rester concentré·e sur les problèmes qui vous entourent.
- **Célestite au sud-est/en maison deux**
  Évitez de prendre des décisions cruciales avant de voir plus clairement la situation.
- **Célestite à l'est/en maison trois**
  Des rencontres inattendues pourraient se révéler très bénéfiques.
- **Célestite au nord/en maison quatre**
  Transformez votre foyer en havre de paix pour les visiteur·euses.

- **Célestite à l'ouest/en maison cinq**
  Vous ferez sans doute des rencontres romantiques dues au hasard.
- **Célestite en maison six**
  Il peut être difficile de vous concentrer sur les questions pratiques en ce moment.
- **Célestite au sud-ouest/en maison sept**
  Le fantasme d'un·e partenaire romantique et parfait·e vous empêche de voir celui·celle qui est déjà à vos côtés.
- **Célestite en maison huit**
  Vos projets connaîtront des changements inattendus.
- **Célestite au nord-est/en maison neuf**
  Prêtez attention aux paroles sages d'autrui.
- **Célestite au sud/en maison dix**
  Vos rêves et vos souhaits vous aideront à rester concentré·e sur vos objectifs.
- **Célestite au nord-ouest/en maison onze**
  Prenez le temps de vous réunir avec des personnes ayant le même bagage philosophique que vous.
- **Célestite en maison douze**
  Vous avez besoin de vous reposer et de récupérer. Isolez-vous du monde un moment.

Personnalité

La personne en lien avec la célestite a tendance à évoluer dans son monde. Elle est rêveuse et contemplative, peut-être un peu distante, et complètement détachée des préoccupations du quotidien.

Énergie

Rêveuse, spirituelle, détachée.

Propriétés thérapeutiques et spirituelles

La célestite possède des propriétés relaxantes et inspirantes remarquables. Elle contribue à soulager la tristesse, le désespoir ou la sensation de lourdeur. Elle apporte un état de calme et de joie dans lequel les royaumes subtils et les niveaux plus fins de la réalité semblent aisément accessibles. La célestite est donc une pierre de méditation et d'intuition précieuse. Ce cristal contribue à traiter les déséquilibres au niveau du chakra de la gorge, qui affectent la communication, l'expression et l'acceptation. Il stimule aussi les chakras couronne et frontal.

Interprétation divinatoire

Lors d'une séance de prédiction, la célestite indique la présence d'influences spirituelles. Ces dernières peuvent prendre la forme de coïncidences, de coups de chance, de rencontres inattendues ou tout simplement de périodes de rêves agréables.

La célestite peut également suggérer une humeur plus légère, l'amélioration de situations difficiles et la capacité de voir au-delà des problèmes. Un espace sûr et propice apparaît ; il vous aidera à retrouver le calme et l'équilibre. Lorsque cette pierre surgit, il faut néanmoins veiller à ne pas sombrer trop profondément dans une rêverie détachée des réalités. Les états accrus de conscience doivent toujours être ancrés dans la réalité quotidienne pour avoir de la valeur.

Dans une position défavorable, la célestite peut évoquer la fuite dans un monde fantasmagorique éloigné de la réalité si d'autres pierres placées à proximité mettent en évidence un manque d'énergie pratique.

L'améthyste

L'améthyste constitue l'une des pierres semi-précieuses les plus populaires. Sa coloration varie du violet pâle au violet profond.

COULEURS	**violet pâle à violet profond**
DURETÉ	**7**
PROPRIÉTÉS	**calmante, clarifiante, intégrante**
CHAKRAS PRINCIPAUX	**couronne et frontal**

L'améthyste est une variété commune de quartz. Elle forme des géodes, des cavités sphériques remplies de cristaux que l'on trouve au sein des roches volcaniques. Malgré sa popularité, l'améthyste fait partie des pierres semi-précieuses en raison de la rareté des pierres de grande qualité. L'améthyste tend à posséder des zones colorées à l'intérieur de chaque cristal plutôt qu'une teinte globale. Le fait de la chauffer avec soin permet de diffuser les couleurs de manière plus uniforme, mais un excès de chaleur peut la rendre jaune, marron ou verte. Certaines améthystes ternissent très vite à la lumière du jour. On suppose que la couleur de la pierre est due à des traces de fer et d'irradiation.

Histoire et mythe

L'améthyste orne les bijoux depuis au moins 5 000 ans. Dans l'Antiquité, elle était prisée à la fois en Grèce et en Italie, plus précisément à Rome. Les Égyptiens, quant à eux, la taillaient pour en faire des bagues et des sceaux. On pensait que l'améthyste pouvait prévenir les effets de la consommation excessive d'alcool et devait donc son nom au mot grec *amethystos*, signifiant « sobre ». D'après un conte classique, Bacchus, dieu du vin et de la luxure, jeta accidentellement un sort à la jeune vierge Améthyste alors qu'elle se rendait au temple de Diane. Sur le point d'être mise en pièces par des animaux sauvages, elle invoqua Diane (déesse de la chasteté et de la chasse) qui la métamorphosa en pierre blanche. Reconnaissant son erreur, Bacchus versa du vin sur la jeune fille transformée en pierre qui devint alors une améthyste.

Au Moyen Âge, l'améthyste était généralement associée à la sobriété et à l'honnêteté. Elle était censée calmer les passions, accroître l'intelligence et la perspicacité, et protéger des animaux sauvages, des ennemi·es ou encore des maladies.

Pistes d'interprétation

- **Améthyste au centre/en maison une**
  Vous devez paraître calme et maître·sse de vous-même.
- **Améthyste au sud-est/en maison deux**
  Les tensions pourraient s'accumuler, puis engendrer des maux de tête et d'estomac. Apprenez à vous détendre.
- **Améthyste à l'est/en maison trois**
  Soyez calme et raisonnable dans votre manière de communiquer.
- **Améthyste au nord/en maison quatre**
  Préservez l'équilibre entre votre vie professionnelle et votre vie familiale. Ne laissez pas l'une ou l'autre dominer.
- **Améthyste à l'ouest/en maison cinq**
  Réfrénez toute envie de prendre des risques et de jouer avec l'argent ou les émotions.
- **Améthyste en maison six**
  Préoccupez-vous de votre santé.
- **Améthyste au sud-ouest/en maison sept**
  Il est temps de vous réconcilier avec ceux·celles qui vous semblent hostiles.
- **Améthyste en maison huit**
  Les premières impressions peuvent être trompeuses. Montrez-vous donc prudent·e si vous vous engagez.
- **Améthyste au nord-est/en maison neuf**
  Évitez l'excès d'enthousiasme concernant vos projets actuels.
- **Améthyste au sud/en maison dix**
  Fixez-vous des priorités et tenez-vous-y.
- **Améthyste au nord-ouest/en maison onze**
  Les activités calmes et relaxantes vous sont bénéfiques en ce moment.
- **Améthyste en maison douze**
  Actuellement vous avez peut-être des difficultés à dormir et des angoisses. Faites de votre mieux pour vous détendre.

Personnalité

La personne liée à l'améthyste est généreuse, équitable et pondérée. Elle peut appartenir à un ordre religieux. Si les intérêts spirituels ont été refoulés, il peut y avoir des excès (alcool…).

Énergie

Calme, prévenante, maîtresse de soi.

Propriétés thérapeutiques et spirituelles

L'améthyste est essentiellement une pierre de l'esprit. Elle contribue à apporter le calme et la clarté là où règnent l'anxiété et la confusion. Elle équilibre aussi tous les systèmes corporels et est donc une pierre thérapeutique universelle importante. L'améthyste peut se révéler utile à la méditation et à d'autres exercices spirituels, car elle calme l'esprit et les émotions tout en gardant la conscience vive et centrée. Elle renforce également l'intuition.

Interprétation divinatoire

La présence d'améthyste lors d'une séance divinatoire met en avant un besoin de calme et de réflexion en cas de décisions à prendre. Si la pierre tombe dans des secteurs liés à la santé, il peut y avoir des problèmes d'anxiété, de migraines nerveuses, de troubles digestifs (souvent liés à un stress psychologique) ou de coordination physique.

L'améthyste peut également suggérer qu'une certaine autodiscipline est nécessaire. Ce n'est pas le moment d'aller festoyer en ville. Commencez par ordonner les choses, hiérarchisez vos priorités et veillez à ne commettre aucun excès. Gardez les pieds sur terre et ne vous laissez pas emporter par des projets grandioses et peu réalistes. L'imagination est très importante mais elle doit se donner des objectifs concrets.

La fluorite

La fluorite est l'un des minéraux les plus séduisants. Par ailleurs, elle est très souvent exploitée à des fins industrielles.

COULEURS	**violette, bleue, verte**
DURETÉ	**4**
PROPRIÉTÉS	**inventive, innovante, coordonnée**
CHAKRA PRINCIPAL	**frontal**

La fluorite est un minéral commun qui se forme quand des filons entrent en contact avec de l'eau chaude. Elle est généralement associée à des métaux natifs tels que l'argent, l'étain et le plomb ; les mineurs la connaissent donc depuis des siècles. La fluorite possède un large éventail de couleurs. Ses cristaux cubiques peuvent donner des formes pyramidales ou échelonnées impressionnantes.

Histoire et mythe

Les Romains importaient la fluorite d'Iran (alors Empire parthe) pour fabriquer les fameux vases de Murano. Les Grecs l'employaient également comme pierre d'ornement. Sa valeur donnait lieu à de nombreuses imitations grâce à des procédés spéciaux de fabrication du verre.

Le nom fluorite vient du terme latin *fluere* qui signifie « s'écouler ». Son point de fusion bas est à l'origine de ce nom. Dans certains pays, les mineurs la nomment minerai fleur.

Au début du XIXe siècle, on a découvert que cette pierre émettait une lumière d'une couleur différente lorsqu'on lui appliquait certaines fréquences lumineuses. Cette caractéristique est connue sous le nom de fluorescence.

De nos jours, la fluorite est un minéral très important sur le plan industriel. C'est la source principale de gaz fluoré et d'acide fluorhydrique servant à fabriquer de l'acier, du verre et de l'émail. Par ses propriétés frigorigènes, elle intervient également dans la conception de réfrigérateurs. Elle permet aussi de créer des revêtements antiadhésifs, des composants pour la technologie spatiale, et elle est utilisée comme désinfectant. Bien que friable et se cassant facilement, la fluorite est considérée comme une pierre précieuse. Elle est généralement taillée en cabochon ou en haut et bas-relief.

Pistes d'interprétation

- **Fluorite au centre/en maison une**
  Restez prudent·e et lucide.
- **Fluorite au sud-est/en maison deux**
  Adoptez une approche concrète pour résoudre les problèmes.
- **Fluorite à l'est/en maison trois**
  Ne développez pas vos projets avant d'avoir demandé l'avis d'autrui.
- **Fluorite au nord/en maison quatre**
  Vous risquez d'oublier des faits et des chiffres si vous ne vous reposez pas.
- **Fluorite à l'ouest/en maison cinq**
  La marche, la natation ou le yoga vous aideront à clarifier vos pensées.
- **Fluorite en maison six**
  Faites des plans avant de vous investir dans des activités professionnelles.
- **Fluorite au sud-ouest/en maison sept**
  Vous devez tenir compte des besoins d'autrui et faire quelques compromis.
- **Fluorite en maison huit**
  Le calendrier des opérations financières peut être crucial.
- **Fluorite au nord-est/en maison neuf**
  Considérez tous les aspects d'une situation pour comprendre ce qui se passe.
- **Fluorite au sud/en maison dix**
  Vérifiez votre planning.
- **Fluorite au nord-ouest/en maison onze**
  On peut vous demander de prévoir et d'organiser des activités ou des entreprises conjointes.
- **Fluorite en maison douze**
  Vous avez besoin d'un peu de solitude pour clarifier vos projets.

Personnalité

La fluorite représente un·e concepteur·ice ou un·e inventeur·ice. Cet individu semble en avance sur son temps et propose généralement des solutions innovantes visant à augmenter l'efficacité.

Énergie

Inventive, coordonnée, intégrée.

Propriétés thérapeutiques et spirituelles

La fluorite aide à assimiler les idées et les informations provenant de différentes sources, puis à les faire parvenir à la conscience. Cette pierre favorise les idées soudaines, les inventions, les nouvelles technologies et les rêves d'avenir. Alliée au chakra frontal, la fluorite concentre son énergie sur le fonctionnement de l'esprit et contribue à la coordination physique, à la dextérité, à l'équilibre ainsi qu'à l'apprentissage. Elle encourage l'ordre et la discipline. Elle contribue également à maintenir une bonne posture.

Interprétation divinatoire

Ce cristal fonctionne à plusieurs niveaux et favorise toutes sortes d'activités. Lors d'une séance de prédiction, il indique qu'il est désormais temps d'établir des plans détaillés. Il est capital de donner une direction et une forme précises à la situation pour éviter que les opportunités actuelles ne disparaissent.

La fluorite suggère que vous devez prendre le temps de réfléchir à ce que vous souhaitez et à la manière d'atteindre concrètement vos objectifs. Laissez le temps à de nouvelles idées d'apparaître. Abordez vos projets de façon méthodique et organisée. Dans une position défavorable, la fluorite indique des pensées utopiques, de l'énergie gaspillée, de la maladresse, des rêveries excessives ou un manque de réflexion par rapport à une situation donnée.

L'hématite

Considérée comme le sang sacré de la Terre-Mère, l'hématite compte parmi les premiers minéraux à être utilisés par les civilisations anciennes.

COULEURS	**allant du gris argenté métallisé au rouge brique**
DURETÉ	**5/6**
PROPRIÉTÉS	**solidité, enracinement**
CHAKRA PRINCIPAL	**racine**

L'hématite est un minéral commun qui se forme au sein des roches ignées à partir d'une eau riche en fer. Les cristaux sont peu fréquents. Le plus souvent, l'hématite est constituée de masses en forme de haricot. Sa teneur élevée en fer en fait une source industrielle de première importance.

Histoire et mythe

Des milliers d'années avant la découverte de la fusion du fer, le minerai d'hématite était considéré comme une substance de grande valeur. On l'utilisait sous sa forme métallique pour fabriquer des bijoux et des ornements, mais l'élément le plus précieux était l'ocre à grains fins, un composé terrestre riche en fer utilisé comme pigment rouge sacré. Les plus anciennes mines connues se situaient en Afrique du Sud. Une fois un gisement épuisé, on le rebouchait avec soin afin que le lieu sacré retrouve son état originel.

Les tombes et les ossements de l'homme de Neandertal ont été retrouvés entourés d'ocre rouge, ce qui laisse à penser que dès cette époque les hommes connaissaient la symbolique spirituelle du sang nourricier de la Terre-Mère. De nos jours, l'hématite représente encore une source importante de pigments rouges.

Pistes d'interprétation

- **Hématite au centre/en maison une**
  Vous avez besoin que les autres vous voient comme quelqu'un de fort, de fiable et de loyal.
- **Hématite au sud-est/en maison deux**
  Des difficultés à changer de point de vue pourraient obscurcir les problèmes en ce moment.
- **Hématite à l'est/en maison trois**
  Soyez franc·he avec ceux·celles dont vous doutez des conceptions.
- **Hématite au nord/en maison quatre**
  Prenez le temps de réparer les objets de votre foyer qui en garantissent la sécurité.

- **Hématite à l'ouest/en maison cinq**
  Vous devez faire davantage d'efforts en matière de loisirs si vous souhaitez pratiquer ceux qui vous intéressent.
- **Hématite en maison six**
  Engagez-vous à travailler avec davantage de souplesse.
- **Hématite au sud-ouest/en maison sept**
  Des relations sûres peuvent devenir ennuyeuses. Veillez à ne pas considérer la situation comme acquise.
- **Hématite en maison huit**
  Tout changement dans votre situation financière doit être examiné avec soin.
- **Hématite au nord-est/en maison neuf**
  Il est temps de consolider les choses avant de vous lancer dans de nouveaux projets. Ralentissez le rythme.
- **Hématite au sud/en maison dix**
  Votre capacité à intégrer vos talents vous a aidé·e à obtenir ce que vous vouliez.
- **Hématite au nord-ouest/en maison onze**
  N'essayez pas de tromper vos ami·es ; ils vous connaissent trop bien.
- **Hématite en maison douze**
  Regardez au-delà des évidences pour trouver la force et la sécurité dont vous avez besoin.

Personnalité

Ce cristal représente quelqu'un de solide et de fiable. De telles personnes peuvent sembler ennuyeuses mais ont un effet stabilisant et fortifiant. Elles peuvent connaître des expériences spirituelles, mais elles les garderont secrètes.

Énergie

Forte, sûre, directe.

Propriétés thérapeutiques et spirituelles

Par sa teneur en fer, l'hématite a une influence fortifiante sur le corps, notamment le sang, la température et le système circulatoire. Parmi toutes les pierres d'enracinement, elle est probablement la plus sûre. Elle permet à la plupart des gens de retrouver un état de stabilité et de concentration grâce à son influence stabilisante sur le corps.

Traditionnellement, le fer était considéré comme la seule protection contre le royaume des fées. Aujourd'hui, l'hématite est censée empêcher de rêvasser, de trop laisser l'esprit divaguer.

Utilisée par une personnalité parfaitement équilibrée, l'hématite peut donner accès au voyage spirituel et aux mondes des astres.

Interprétation divinatoire

Le fer est un métal résistant mais cassant. Ces caractéristiques nous donnent une indication quant à ses significations divinatoires. La présence d'hématite lors d'une séance de prédiction dévoile des bases solides sur lesquelles il est possible de s'appuyer. En position favorable, elle stimule d'autres énergies proches. De cette façon, l'hématite est capable de cristalliser une situation afin qu'elle devienne claire et visible aux yeux de tou·tes. En position défavorable, elle peut indiquer de l'inflexibilité, de l'entêtement, ou une incapacité à prendre de la distance par rapport à la situation actuelle.

L'hématite est un minéral argenté brillant qui devient rouge une fois réduit en poudre. Cette transformation nous montre qu'il est parfois nécessaire de voir au-delà des apparences.

La tourmaline noire

La tourmaline noire renforce et stabilise l'influence de la planète Terre dans l'aura humaine.

COULEUR	**noire, opaque ou légèrement translucide**
DURETÉ	**7,5**
PROPRIÉTÉS	**protectrice, structurante, enracinement**
CHAKRA PRINCIPAL	**racine**

La tourmaline se forme au plus profond des failles terrestres, de même que le mica, le quartz et le feldspath. Elle est composée de longs cristaux fins à trois faces, striés parallèlement dans la longueur du prisme. Sa variété noire, qu'on appelle aussi le schorl, est la plus courante. La tourmaline possède une particularité dans la mesure où, lorsqu'on la chauffe, l'une des extrémités du cristal accumule des charges électriques positives et l'autre des charges négatives. Cela lui permet de faire office d'interrupteur dans de nombreux types de machines.

Histoire et mythe

Dans l'Antiquité, les Grecs et les Romains transformèrent, dit-on, les variétés colorées de tourmaline en pierres précieuses magiques. Au Moyen Âge, la tourmaline n'était pas identifiée comme un minéral distinct, car sa couleur était très proche de celle d'autres pierres précieuses. Plus tard, les négociants hollandais en visite à Ceylan (l'actuel Sri Lanka) découvrirent la tourmaline, la nommèrent *toramalli* (« qui attire la cendre ») et l'introduisirent en qualité de pierre précieuse en Europe, au XVIIIe siècle.

Pistes d'interprétation

- **Tourmaline noire au centre/en maison une**
  Vous avez besoin que les autres vous voient comme quelqu'un de fiable, à l'esprit pratique.
- **Tourmaline noire au sud-est/maison deux**
  Faites attention avec votre argent. N'achetez pas d'objets superflus.
- **Tourmaline noire à l'est/en maison trois**
  Toutes les communications doivent être en harmonie avec vos proches.
- **Tourmaline noire au nord/en maison quatre**
  N'oubliez pas que vos racines et votre domicile sont vos fondations. Commencez par là.

- **Tourmaline noire à l'ouest/en maison cinq**
  Utilisez davantage vos talents créatifs. Cette position est idéale pour l'émergence d'une nouvelle histoire d'amour.
- **Tourmaline noire en maison six**
  Faites particulièrement attention à votre dos si vous portez ou déplacez des objets.
- **Tourmaline noire au sud-ouest/en maison sept**
  Restez en paix avec ceux·celles que vous aimez.
- **Tourmaline noire en maison huit**
  Des disputes peuvent vous avoir troublé·e bien plus que vous ne le pensiez.
- **Tourmaline noire au nord-est/en maison neuf**
  Gardez les pieds sur terre si des opportunités se présentent.
- **Tourmaline noire au sud/en maison dix**
  Il est temps de consolider vos projets de manière pratique et réaliste.
- **Tourmaline noire au nord-ouest/en maison onze**
  Prenez le temps de vous promener dans la nature avec des ami·es qui apprécient ce cadre.
- **Tourmaline noire en maison douze**
  Ne vous laissez pas emporter par des idées irréalistes ou de vagues rêves.

Personnalité

La tourmaline noire peut représenter des personnes terre à terre, à l'esprit pratique, à l'aise où qu'elles se trouvent. Elles peuvent prospérer et rechercher des situations inhabituelles ou dangereuses.

Énergie

Protectrice, équilibrante.

Propriétés thérapeutiques et spirituelles

La tourmaline noire est l'une des meilleures pierres protectrices contre toutes les sortes de négativité. La pierre détourne l'énergie déséquilibrante au lieu de l'absorber, créant un espace sûr et neutre autour d'elle.

Ce cristal peut très vite ramener la conscience dans le corps physique. Il est un puissant facteur d'enracinement et peut permettre de revenir à un état de conscience normal après des pratiques thérapeutiques ou spirituelles.

La tourmaline noire est une pierre d'alignement. C'est d'ailleurs l'une de ses caractéristiques principales. Elle aide le corps à effectuer les réajustements physiques nécessaires si les os et les muscles sont déplacés en raison de blessures ou de tensions. Elle peut également aligner le corps humain avec les énergies de la Terre. C'est une pierre utile si vous voyagez ou si vous vous installez dans un nouvel endroit, car elle contribue à harmoniser les énergies personnelles et planétaires.

Interprétation divinatoire

La tourmaline noire indique un besoin d'harmonie avec son environnement. En l'absence d'harmonie, il peut y avoir un risque de négativité à un certain niveau ou simplement de maladresse. Il est possible de les éviter en veillant à rester parfaitement cohérent·e, ancré·e et concret·ète dans votre vision de la situation.

Ce cristal suggère de tenir compte de la structure des choses, de leurs fondements cachés. Assurez-vous que toutes vos actions et relations possèdent une base sûre et ferme.

L'obsidienne

L'obsidienne se trouve uniquement dans les zones volcaniques, où elle se forme à partir de lave refroidie. Née du feu brûlant dans les profondeurs de la Terre, l'obsidienne peut donner une forte détermination pour dominer la peur et affronter la réalité de manière concrète, ancrée et courageuse.

COULEUR	**noire avec des marques blanches, grises ou rouges**
DURETÉ	**6**
PROPRIÉTÉS	**enracinement, révélatrice, purifiante**
CHAKRA PRINCIPAL	**racine**

L'obsidienne est un verre non cristallin contenant de petits cristaux d'autres minéraux comme le quartz, le feldspath et le fer. Ces minuscules inclusions peuvent créer des iridescences chatoyantes ou des zones colorées au sein de la roche noire opaque. L'obsidienne flocons de neige est mouchetée de noir ou de gris. L'obsidienne acajou possède des bandes brun-rouge et la variété larmes d'Apache, que l'on trouve au sud-est de l'Amérique, est constituée de galets brun-noir translucide. Il faut toujours manier l'obsidienne non polie avec prudence, car ses bords peuvent être très coupants.

Histoire et mythe

L'obsidienne est employée depuis l'âge de pierre pour fabriquer des couteaux et des pointes de flèche coupantes comme des rasoirs. En Amérique centrale, où l'on trouve de l'obsidienne en abondance, les Aztèques façonnaient des haches, des massues et des épées à partir de cette pierre. Elle servait également à produire des sculptures religieuses et des ornements royaux. Dans l'Europe médiévale, l'obsidienne servait à créer des sphères et des miroirs magiques destinés à la clairvoyance (l'art de voir dans l'avenir ou dans d'autres mondes). John Dee, conseiller de la reine Élisabeth Ire d'Angleterre, astrologue royal, diplomate, espion et adepte de l'occultisme, était un célèbre médium. Il utilisait un miroir d'obsidienne pour communiquer avec les esprits et, en collaboration avec son assistant Edward Kelley, il conçut un système appelé magie énochienne explorant une multitude de domaines spirituels gouvernés par des anges.

Pistes d'interprétation

- **Obsidienne au centre/en maison une**
  Songez à la manière dont vous apparaissez aux autres. Envisagez de modifier votre apparence ou votre style vestimentaire.
- **Obsidienne au sud-est/en maison deux**
  Réévaluez les opinions bien ancrées en matière d'argent pour évoluer.
- **Obsidienne à l'est/en maison trois**
  Réfléchissez avant de parler. Si vous avez des opinions très arrêtées, laissez passer du temps pour les reconsidérer.
- **Obsidienne au nord/en maison quatre**
  Vous devez résoudre les difficultés qui s'éternisent avec votre famille.
- **Obsidienne à l'ouest/en maison cinq**
  La vraie puissance de vos talents créatifs n'est pas encore visible. Intéressez-vous à ce qui vous empêche de vous exprimer pleinement.
- **Obsidienne en maison six**
  Essayez de ne pas sous-estimer le courage nécessaire pour modifier votre manière de travailler.
- **Obsidienne au sud-ouest/en maison sept**
  Abordez les sujets pénibles évités jusqu'à présent avec votre partenaire.
- **Obsidienne en maison huit**
  Vous devez aborder les questions financières avec une ouverture et une honnêteté totales.
- **Obsidienne au nord-est/en maison neuf**
  Recherchez des livres ou des cours qui vous aideront à exploiter vos talents.
- **Obsidienne au sud/en maison dix**
  Des réticences à modifier un aspect de votre carrière peuvent vous décrédibiliser aux yeux de ceux·celles que vous souhaitez impressionner.
- **Obsidienne au nord-ouest/en maison onze**
  Cherchez une éventuelle jalousie cachée de la part de connaissances. Elle est susceptible de bouleverser vos plans sauf si vous la gérez avec tact.
- **Obsidienne en maison douze**
  Examinez vos rêves et vos rêveries pour vous guider dans votre vie quotidienne. Ils confirmeront que vous savez déjà ce qui est nécessaire et ce qu'il faut faire.

Personnalité

La personne liée à l'obsidienne est secrète et émotionnellement instable. Elle excelle à découvrir des objets et des informations cachés.

Énergie

Profonde, cachée, transmuable.

Propriétés thérapeutiques et spirituelles

Étant donné que cette pierre émerge des profondeurs de la Terre avec une force spectaculaire, l'obsidienne est considérée par beaucoup comme capable de faire remonter des émotions cachées. Cela la rend extrêmement utile pour se libérer de stress passés et de traumatismes enfouis. À l'image d'une éruption volcanique, ce processus peut être une expérience désagréable et tumultueuse, car il fait surgir d'anciennes blessures, des craintes et des anxiétés avant de les dissiper. Les transformations s'accompagnent systématiquement de changements qui sont parfois difficiles à accepter. Ils sont néanmoins essentiels pour évoluer. L'obsidienne se contente d'éliminer les vestiges indésirables de nos vies pour nous permettre d'avancer sans être encombré·e par le passé.

Interprétation divinatoire

L'obsidienne a un lien étroit avec Pluton, aussi bien le corps céleste que le dieu grec classique. Pluton est le dieu des enfers et le gardien des trésors cachés.

Si l'obsidienne apparaît lors d'une séance, vous devez rechercher les facteurs cachés susceptibles d'affecter votre situation. Des événements inattendus peuvent se produire et les changements ne seront ni lents ni faciles. La peur – la vôtre ou celle d'autrui – peut également constituer un problème à régler. N'oubliez pas que celle-ci naît de l'impression que les événements échappent à votre contrôle ou du fait de ne pas voir la situation dans son ensemble. Elle peut aussi apparaître face à une force plus puissante que vous.

L'obsidienne, de nature à la fois ancrée et fougueuse, vous permettra d'avoir confiance dans votre propre force et de vous sentir sur un pied d'égalité avec autrui.

LES RITUELS BIENFAISANTS

La lecture et l'interprétation des pierres permettent d'établir un diagnostic. Mais quelle serait l'utilité de celui-ci sans remèdes associés ? Les pages suivantes rassemblent trois rituels bienfaisants avec des pierres susceptibles d'améliorer certains pans de votre vie.

Pour éloigner le négatif et vous protéger

Ce rituel peut vous protéger des personnes et des éléments négatifs autour de vous, en les contenant, les éloignant et, dans le même temps, en vous dissimulant d'eux.

Vous avez besoin de :

- Un cristal clair ou transparent (par exemple le quartz, la calcite ou la fluorite).
- Une pierre rouge, une pierre bleue, une pierre verte et une pierre jaune.
- Un bol ou un autre récipient au fond foncé, rempli d'eau.

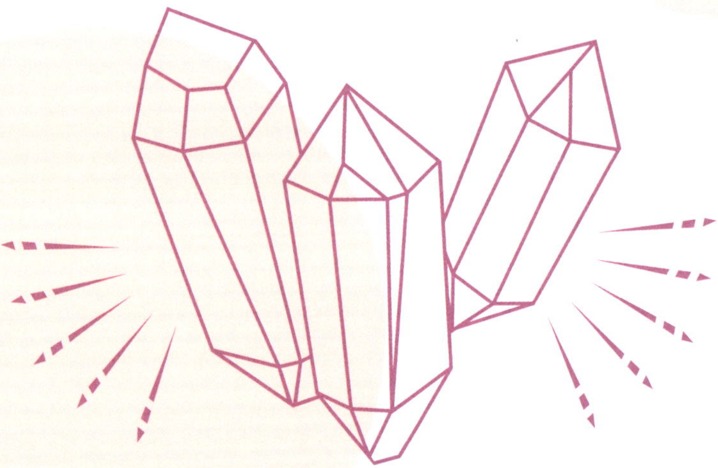

1/ Posez le bol d'eau sur une table. Prenez la pierre rouge (qui représente l'élément feu) et dites :

Pierre de feu,
En cendres réduit
Tous les maux qui me poursuivent.

Répétez cette phrase plusieurs fois en posant la pierre sur votre plexus solaire, qui représente votre centre d'énergie « feu ».

Remettez la pierre à côté du bol et dites :

Cache-moi des blessures.

2/ Prenez ensuite la pierre bleue (qui représente l'élément eau) et prononcez les paroles suivantes :

Pierre d'eau,
Dissous, disperse et fais fondre
Tous les maux qui me traquent.

Répétez cette phrase plusieurs fois en tenant la pierre au-dessous de votre nombril, qui représente votre centre « eau ».

Posez la pierre à côté du bol en face de la pierre rouge et dites :

Cache-moi des blessures.

3/ Prenez ensuite la pierre verte (représentant l'élément air) et dites :

Pierre d'air,
Telles des feuilles, éparpille
Pensées et intentions mauvaises.

Répétez cette phrase plusieurs fois en posant la pierre sur le chakra du cœur au milieu de la poitrine.

Posez la pierre à gauche de la pierre rouge près du bol, et dites :

Cache-moi des blessures.

4/ Prenez la pierre jaune (représentant l'élément terre) et dites :

Pierre de terre,
Fixe et cache,
Nul·le ennemi·e ne me trouvera.

Répétez cette phrase plusieurs fois en posant la pierre à la base de votre colonne vertébrale.

Placez la pierre près du bol en face de la pierre verte et dites :

Cache-moi des blessures.

5/ Maintenant, prenez le cristal transparent dans vos mains et dites :

Feu, je ne peux être tenu·e,
Air, je ne peux être vu·e,
Eau, je contourne les obstacles,
Terre, je suis inébranlable.

6/ Regardez la pierre transparente et répétez les mots : « Clair comme du cristal », plusieurs fois en imaginant que tout votre être est devenu aussi transparent qu'elle. Quand cette image est nette, placez soigneusement la pierre dans le bol. Observez ses bords devenir flous. Répétez de temps en temps les mots : « Clair comme du cristal. » Pour mettre fin au rituel, remerciez tous les éléments et rangez les pierres.

Pour trouver richesse intérieure et réalisation

Bien qu'elle semble souvent liée à des facteurs externes, la richesse se forme intérieurement à des niveaux subtils de pensée et de sentiment. L'insatisfaction, le vide et le sentiment de pauvreté intérieure indiquent que nous sommes séparé·es et éloigné·es des énergies bénéfiques de l'Univers.

Vous avez besoin de :

- Une pierre rouge.
- Quelques pierres jaunes.
- Quelques pierres vertes.

1/ Purifiez d'abord les pierres que vous allez employer (voir page 30).

2/ Commencez le sortilège en vous asseyant calmement et en réfléchissant aux raisons qui l'ont motivé. Fermez les yeux et imaginez des racines rouges partant de l'endroit où vous êtes en contact avec le sol. Sentez ces énergies plonger au centre de la Terre. Envoyez votre souffle le long de ces racines et sentez-vous solide, bien ancré·e dans le sol.

3/ Prononcez les mots : « Je me sens soutenu·e. » Prenez la pierre rouge et posez-la au milieu de l'espace où vous accomplissez le sortilège. Répétez la phrase : « Je me sens soutenu·e. » Fermez à nouveau les yeux. Visualisez des rayons partant de votre plexus solaire. Imaginez-les allant dans toutes les directions et touchant ce qui vous entoure – au-dessus et en dessous de vous –, jusqu'à la sensation d'être au centre d'une toile de lumière dorée. Quand l'image est forte, dites : « Je suis nourri·e. »

4/ Prenez les pierres jaunes et disposez-les en cercle autour de la pierre rouge. Après avoir placé toutes les pierres, répétez la phrase : « Je suis nourri·e. » Fermez de nouveau les yeux. Imaginez une jeune pousse qui jaillit de la zone lumineuse de votre plexus solaire en direction de votre cœur. Au moment d'atteindre celui-ci, elle forme un gros bouton de fleur vert. Le bouton ouvre lentement ses beaux pétales sous vos yeux. De la lumière verte remplit tout votre corps et irradie doucement autour de vous. Dites : « Je suis abondant·e. Les souhaits de mon cœur se réalisent instantanément. » En disant cela, les derniers pétales s'ouvrent pour révéler une pierre précieuse ou un cristal vert brillant au cœur de la fleur. Concentrez votre attention sur le bijou et, si vous avez un souhait particulier, pensez-y.

5/ Quand vous êtes prêt·e, ouvrez les yeux et placez les pierres vertes en cercle autour des autres pierres. Dites de nouveau : « Je suis abondant·e. Les souhaits de mon cœur se réalisent instantanément. »

6/ Asseyez-vous et regardez les pierres pendant quelques instants. Vous pouvez les laisser en place ou bien les ranger. Le fait de vous remémorer le bijou à l'intérieur de la fleur au cours de la journée maintiendra ce lien énergétique.

Pour la santé et le bien-être

Toute maladie, qu'elle soit physique, émotionnelle ou mentale, peut être influencée par le fait qu'une énergie négative se trouve au mauvais endroit au mauvais moment. Les choses se compliquent lorsque la personne est incapable de retrouver son équilibre énergétique. Le rituel ci-dessous permet d'évacuer l'excès d'énergie et de la transférer là où elle peut être utilisée de manière vivifiante. Seul le corps peut se réparer. N'oubliez pas que, quels que soient les actions ou les souhaits exprimés par autrui, la guérison doit venir du·de la malade lui-même·elle-même. Parfois, une personne s'accroche à la maladie ou encourage inconsciemment des schémas de maladie répétitifs. Seul un changement intérieur du cœur et de l'esprit peut laisser place à un cercle vertueux...

Même si vous parvenez à éliminer les déséquilibres au niveau subtil, il est important de savoir que le corps physique peut mettre longtemps à guérir. Il faut également reconnaître que les pensées positives peuvent être aussi efficaces que les autres soins. Enfin, souvenez-vous qu'il n'est pas raisonnable de s'attacher excessivement aux résultats. Agissez et laissez l'Univers agir de son côté. Si vous effectuez ce rituel pour une tierce personne, soyez sûr·e d'avoir sa permission avant de commencer.

Vous avez besoin de :

- Un petit miroir ou un morceau de papier sur lequel est dessinée une silhouette.
- Un nom ou une signature, et un cheveu ou un autre élément appartenant à la personne que vous voulez soigner.
- Une sélection de cristaux ou de pierres.
- Une bougie.
- De l'encens.
- Un bol d'eau.
- Une poignée de sel gemme ou de sel marin pur.

1/ Formez d'abord un espace représentant la personne que vous souhaitez aider. Si vous avez un petit miroir, utilisez-le pour la représenter. Sinon, dessinez une silhouette grossière ou une simple forme ovale sur un morceau de papier de bonne taille. Ce dessin représente la personne, à la fois sa forme physique et l'aura qui l'entoure.
Si vous disposez d'un cheveu à elle, de sa signature ou d'une photographie lui appartenant, posez cela sur votre représentation, puis écrivez en dessous son nom. Prenez une minute pour regarder la représentation et penser à la personne ainsi qu'à sa situation.

2/ Posez délicatement les pierres et dites :

Pierres, vous qui êtes les os
De toutes choses,
En tout lieu
Et en tout temps,
Pierres, vous qui aidez
Et soignez,
Venez à moi.
Vous, esprits guérisseurs,
Écoutez mon cœur,
Montrez-moi celles qui
Peuvent aider [nom de la personne].

3/ Fermez les yeux un instant. Quand vous vous sentez prêt·e, ouvrez-les et fixez les pierres. Certaines attireront immédiatement votre attention. Choisissez-en quatre et placez-les à part. Remerciez les pierres restantes puis rangez-les.
En position assise, imaginez que vous êtes complètement enveloppé·e d'une aura bleu électrique, en particulier vos mains et vos doigts. Prenez une à une les pierres sélectionnées et passez-les lentement en conscience sur la représentation de la personne, en visualisant en même temps l'absorption des déséquilibres ou de la maladie par le cristal. Si vous avez besoin de vous aider de mots à ce stade, dites ce qui vous passe par la tête.

Vous réaliserez sans doute que certaines parties de la représentation vous communiquent une sensation différente. Passez davantage de temps avec la pierre sur ces zones en laissant votre intuition vous guider. Après avoir parcouru toute la représentation, les déséquilibres attirés à l'intérieur de la pierre doivent retrouver la place qui leur revient dans l'Univers.
Il existe quatre manières de procéder : par le feu, l'eau, l'air et la terre. Elles sont efficaces pour toutes les pierres. À vous de choisir celle que vous utiliserez pour chaque pierre.

Par le feu

Faites passer la pierre au-dessus de la flamme d'une bougie et dites :

Esprit du feu,
Esprit de la flamme,
Ramène tout à la lumière,
Ramène tout à l'équilibre.

Par l'eau

Plongez la pierre dans le bol d'eau et dites :

Esprit de l'eau,
Océan de pureté,
Chasse tous les débris,
Chasse toute la poussière.

Par l'air

Plongez la pierre dans la fumée d'encens et dites :

Esprit de l'air,
Souffle de vie,
Amène la pureté,
Amène la joie.

Par la terre

Recouvrez la pierre de sel gemme ou marin et dites :

Esprit de la terre,
Source d'équilibre,
Reviens à la force,
Reviens à la satisfaction.

4/ Après la purification, chaque pierre sera débarrassée des déséquilibres recueillis pendant le processus de guérison. Lorsque la personne n'est pas bien du tout, vous pouvez effectuer ce sortilège quatre fois avec chaque pierre, en les purifiant à chaque fois.
Jetez le sel et l'eau, puis éteignez la bougie en remerciant successivement chaque élément pour son aide. Lavez les pierres à l'eau froide. Visualisez l'aura bleue qui vous entoure et observez-la s'élargir et se disperser. Répétez ce rituel tous les deux jours si nécessaire.

Dans la même collection

L'ART DE LIRE LES
LIGNES DE LA MAIN
Ligne de cœur
Ligne de tête
Ligne de destin
Mont de Vénus
Ligne de vie
Avec 24 cartes pour pratiquer
DÉCOUVREZ LE POUVOIR DE LA CHIROMANCIE
ET RÉVÉLEZ VOTRE POTENTIEL DE VIE
LAROUSSE

Isabelle Weiss
L'ART DE
TIRER LES CARTES
CONTIENT
22 CARTES
DU TAROT
L'AMOVREVX
LE MONDE
DÉCOUVREZ LE POUVOIR DU TAROT DE MARSEILLE
POUR ÉCLAIRER VOTRE CHEMIN DE VIE
LAROUSSE

Direction de la publication : Isabelle Jeuge-Maynart et Ghislaine Stora
Direction éditoriale : Catherine Delprat (pour la première édition), Émilie Franc et Julie Martin (pour la présente édition)
Édition : Marie Gazagne (pour la première édition), Viviane du Guiny (pour la présente édition)
Relecture-correction : Sonia Digianantonio
Direction artistique : Géraldine Lamy
Couverture : Laura Filiberti
Conception graphique et mise en page : Claire Mieyeville
Fabrication : Laetitia Messadene
Illustrations : © Shutterstock

Les Éditions Larousse utilisent des papiers composés de fibres naturelles, renouvelables, recyclables et fabriquées à partir de bois issus de forêts qui adoptent un système d'aménagement durable. En outre, les Éditions Larousse attendent de leurs fournisseurs de papier qu'ils s'inscrivent dans une démarche de certification environnementale reconnue.

PAPIER À BASE DE FIBRES CERTIFIÉES

LAROUSSE s'engage pour l'environnement en réduisant l'empreinte carbone de ses livres. Celle de cet exemplaire est de :
1,2 kg éq. CO_2
Rendez-vous sur www.larousse-durable.fr

Imprimé en Espagne par Estella Graficas
Dépôt légal : avril 2024
336226/01 – 11055184 – février 2024
ISBN : 978-2-38-375118-2